PAPST BENEDIKT XVI.

PAPST FRANZISKUS

Der Herr sei mit euch

Meditationen zum Lukas-Evangelium

benno

Bibliografische Information der Deutschen Nationalbibliothek
Die Deutsche Nationalbibliothek verzeichnet diese
Publikation in der Deutschen Nationalbibliografie;
detaillierte bibliografische Daten sind im Internet unter
http://dnb.d-nb.de abrufbar.

ISBN 978-3-7462-4475-4

Zusammenstellung: Volker Bauch, Leipzig
Umschlaggestaltung: BIRQ DESIGN, Leipzig
Umschlagabbildung: © L'Osservatore Romano
Gesamtherstellung: Kontext, Lemsel (A)

INHALT

Hinführung

Die Botschaft des Herrn

Das Wort „Evangelium“, „euangelisasthai“ hat eine lange Geschichte. Es kommt bei Homer vor: Es ist die Verkündigung eines Sieges, also Verkündigung von Wohlergehen, von Freude, von Glück. Dann taucht es im Deuterojesaja auf (vgl. *Jes* 40,9), als Stimme, die Freude von Gott verkündigt, als Stimme, die zu verstehen gibt, dass Gott sein Volk nicht vergessen hat, dass Gott, der sich scheinbar aus der Geschichte zurückgezogen hatte, da ist, gegenwärtig ist. Und Gott hat Macht, Gott schenkt Freude, öffnet die Tore des Exils; nach der langen Nacht des Exils erscheint sein Licht und gibt seinem Volk die Möglichkeit zur Rückkehr, erneuert die Geschichte des Guten, die Geschichte seiner Liebe. In diesem Zusammenhang der Evangelisierung erscheinen vor allem drei Worte: „dikaiosyne, eirene, soteria“ – Gerechtigkeit, Frieden, Erlösung. Jesus selbst hat die Worte des Jesaja in Nazaret wieder aufgegriffen, als er von dem „Evangelium“ sprach, das er jetzt den Ausgegrenzten, den Gefangenen, den Leidenden und den Armen bringt.

„Evangelium“ ist ein Wort des Kaisers, des wahren Kaisers der Welt.

Für die Bedeutung des Wortes „Evangelium“ im Neuen Testament ist außerdem – außer dem Deuterojesaja, der das Tor öffnet – auch der Gebrauch des Wortes durch das Römische Reich wichtig, begonnen beim Kaiser Augustus. Hier zeigt der Begriff „Evangelium“ ein Wort, eine Botschaft an, die vom Kaiser kommt. Die Botschaft des Kaisers als solche bringt also Gutes: Sie ist Erneuerung der Welt, sie ist Heil. Sie ist kaiserliche Botschaft und als solche eine Botschaft der Macht und der Herrschaft; eine Botschaft der Erlösung, der Erneuerung und des Heils. Das Neue Testament übernimmt diese Situation.

„Evangelium“ bedeutet: Gott hat sein Schweigen gebrochen.

Der hl. Lukas stellt dem Kaiser Augustus ausdrücklich das in Betlehem geborene Kind gegenüber: Ja, sagt er, „Evangelium“ ist ein Wort des Kaisers, des wahren Kaisers der Welt. Der wahre Kaiser der Welt hat sich hören lassen, er spricht mit uns. Und diese Tatsache als solche ist Erlösung, denn das große Leiden des Menschen – damals ebenso wie heute – ist gerade dies: Gibt es hinter dem Schweigen des Universums, hinter den Wolken der Geschichte einen Gott oder nicht? Und wenn es diesen Gott gibt, kennt er uns dann, hat er etwas mit uns zu tun? Ist dieser Gott gut, und hat die Wirklichkeit der Guten Macht in der Welt oder nicht? Diese Frage ist heute ebenso aktuell wie damals.

Viele Menschen fragen sich: Ist Gott eine Hypothese oder nicht? Ist er eine Wirklichkeit oder nicht? Warum macht er sich nicht bemerkbar? „Evangelium“ bedeutet: Gott hat sein Schweigen gebrochen, Gott hat gesprochen, Gott ist da. Diese Tatsache als solche ist Heil: Gott kennt uns, Gott liebt uns, er ist in die Geschichte eingetreten. Jesus ist sein Wort, der Gott mit uns, der Gott, der uns zeigt, dass er uns liebt, dass er mit uns leidet bis zum Tod und aufersteht. Das ist das Evangelium. Gott hat gesprochen, er ist nicht mehr der große Unbekannte, sondern er hat sich gezeigt, und das ist das Heil. Es stellt sich uns die Frage: Gott hat gesprochen, er hat wirklich das große Schweigen gebrochen, er hat sich gezeigt – aber wie können wir dem Menschen von heute diese Wirklichkeit vermitteln, damit sie zum Heil wird? An sich ist die Tatsache, dass er gesprochen hat, das Heil, die Erlösung. Aber wie kann der Mensch es wissen? Dieser Punkt scheint mir eine Frage zu sein, aber auch ein Appell, ein Auftrag für uns: Wir können die Antwort finden.

Papst Benedikt XVI.: Meditation vom 8. Oktober 2012

Die Kraft des Evangeliums

Denken wir an den heiligen Franz von Assisi: Er war bereits Christ, doch ein „oberflächlicher“ und lauer Christ. Als er in einem entscheidenden Augenblick seiner Jugend das Evangelium las, begegnete er Jesus und entdeckte das Reich Gottes, und so verflüchtigten sich all seine Träume von irdischem Ruhm. Das Evangelium lässt dich den wahren Jesus kennenlernen, es lässt dich den lebendigen Jesus kennenlernen; es spricht zu deinem Herzen und ändert dein Leben. Und dann – ja, dann verlässt du alles. Du vermagst in der Tat deine Lebensweise zu ändern, oder du kannst weiter tun, was du vorher tatest, doch du bist ein anderer, du bist neu geboren: du hast gefunden, was Sinn schenkt, was Geschmack verleiht, was allem Licht gibt, auch den Mühen, auch den Leiden und auch dem Tod. Das Evangelium lesen. Alles bekommt einen Sinn, wenn du dort, im Evangelium, das

Alles bekommt einen Sinn, wenn du im Evangelium das findest, was Jesus „das Reich Gottes“ nennt.

findest, was Jesus „das Reich Gottes" nennt, also Gott, der in deinem Leben, in unserem Leben herrscht; Gott, der Liebe, Friede, Freude in einem jeden Menschen und in allen Menschen ist. Das ist es, was Gott will, das ist es, weswegen Jesus sich selbst bis zum Tod am Kreuz hingegeben hat, um uns von der Macht der Finsternis zu befreien und in das Reich des Lebens, der Schönheit, der Güte, der Freude zu führen. Das Evangelium lesen bedeutet, Jesus zu finden und diese christliche Freude zu haben, die eine Gabe des Heiligen Geistes ist.

Papst Franziskus: Angelus vom 27. Juli 2014

Das Evangelium in der Tasche

Es ist notwendig, sich beständig zu erneuern und dabei aus der Lebenskraft des Evangeliums zu schöpfen. Und wie kann man das praktisch bewerkstelligen? Vor allem gerade durch das tägliche Lesen und Betrachten des Evangeliums, so dass das Wort Jesu in unserem Leben immer gegenwärtig ist. Denkt daran: Das Evangelium immer bei euch zu haben, wird euch dabei eine Hilfe sein – ein kleines Evangelium in der Jackentasche, in der Handtasche, und während des Tages einen Abschnitt daraus lesen. Immer aber mit dem Evangelium, denn das heißt, das Wort Jesu bei sich zu haben und es lesen zu können. Außerdem hören wir durch die Teilnahme an der Sonntagsmesse, wo wir dem Herrn in der Gemeinschaft begegnen, sein Wort und empfangen die Eucharistie, die uns mit ihm und untereinander vereint; und für die geistliche Erneuerung sind die Einkehrtage und die Exerzitien sehr wichtig. Evangelium, Eucharistie und Gebet.

Papst Franziskus: Angelus vom 31. August 2014

Die Vorgeschichte (Lk 1,5–2,52)

Die Verheißung der Geburt Jesu (Lk 1,26–38)

Das erste Wort, das ich mit euch betrachten will, ist der Gruß des Engels an Maria. In der italienischen Übersetzung sagt der Engel: „Ich grüße dich, Maria!“ Aber das ursprüngliche griechische Wort, „Kaire“, bedeutet eigentlich „Freue dich“, „Sei froh“. Und das ist die erste Überraschung, denn der Gruß unter den Juden war „Shalom“, „Frieden“, während der Gruß in der griechischen Welt „Kaire“, „Freue dich“, lautete. Es überrascht, dass der Engel, als er Mariens Haus betritt, mit dem Gruß der Griechen grüßt: „Kaire“, „Sei froh, freue dich“. Und als die Griechen 40 Jahre später dieses Evangelium lasen, fanden sie darin eine wichtige Botschaft: Sie konnten verstehen, dass mit dem Beginn des Neuen Testaments, auf den sich dieser Abschnitt des Lukas bezog, gleichzeitig eine Öffnung gegenüber der Völkerwelt stattgefunden hatte, gegenüber der Universalität des Volkes Gottes, das jetzt nicht mehr nur das jüdische Volk, sondern die Welt in ihrer Gesamtheit, alle Völker, umfasste. Im griechischen Gruß des Engels wird die neue Universalität des Reiches des wahren Sohnes Davids offenbar.

Sei froh, freue dich.

Es muss jedoch sofort gesagt werden, dass die Worte des Engels die Wiederaufnahme einer prophetischen Verheißung aus dem Buch des Propheten Zefanja sind.

Wir finden hier diesen Gruß fast im Wortlaut wieder. Der von Gott erleuchtete Prophet Zefanja spricht zu Israel: „Freu dich, Tochter Zion; der Herr ist mit dir und wird in dir Wohnung nehmen." Wir wissen, dass Maria die Heiligen Schriften gut kannte. Ihr Magnifikat ist ein Webstück aus Fäden des Alten Testaments. Wir können daher sicher sein, dass die heilige Jungfrau sofort verstanden hat, dass es sich hier um Worte des Propheten Zefanja handelte, die dieser an Israel gerichtet hatte, an die „Tochter Zion", die als Wohnung Gottes betrachtet wurde. Das Überraschende ist, dass diese an ganz Israel gerichteten Worte jetzt zu ihr persönlich gesagt werden, und das gibt Maria zu denken. Und da wird ihr klar, dass gerade sie die „Tochter Zion" ist, von der der Prophet gesprochen hat, dass der Herr demnach für sie einen besonderen Plan hat, dass sie dazu berufen ist, die wahre Wohnung Gottes zu sein, eine Wohnung, die nicht aus Stein, sondern aus lebendigem Fleisch, aus einem lebendigen Herzen besteht, dass Gott als seinen wahren Tempel gerade sie, die Jungfrau, haben will. Welch eine Nachricht! Und nun können wir verstehen, dass Maria beginnt, intensiv über die Bedeutung dieses Grußes nachzudenken.

„Freu dich, Tochter Zion; der Herr ist mit dir und wird in dir Wohnung nehmen."

Aber verweilen wir jetzt vor allem beim ersten Wort: „Freue dich, sei froh." Es ist das erste Wort, das im Neuen Testament als solchem erklingt, denn die Verkündigung der Geburt Johannes' des Täufers an Zacharias durch den Engel ist ein Wort, das noch an der Schwelle zwischen den beiden Testamenten erklingt. Erst mit diesem Dialog, den der Engel Gabriel mit Maria führt, beginnt das Neue Testament wirklich. Wir können also sagen, dass das erste Wort des Neuen Testaments eine Einladung zur Freude ist: „Freue dich!" Das Neue Testament ist wirklich ein „Evangelium", die „Gute Nachricht", die uns Freude bringt. Gott ist uns nicht fern, unbekannt, rätselhaft oder vielleicht gefährlich. Gott ist uns nahe, so nahe, dass er zu einem Kind wird, und wir dürfen „du" zu diesem Gott sagen.

Vor allem die griechische Welt hat diese Neuigkeit wahrgenommen und diese Freude tief empfunden, denn es war ihren Bewohnern nicht klar, ob es einen guten oder bösen Gott oder einfach gar keinen Gott gibt. In der damaligen Religion war von vielen Gottheiten die Rede; daher fühlten sie sich von den verschiedensten Gottheiten umgeben, die zueinander im Gegensatz standen, so dass man befürchten musste, dass die eine Gottheit gekränkt sein und sich rächen würde, wenn man etwas zugunsten einer anderen tat. Und so lebten sie in einer Welt der Angst, umgeben von gefährlichen Dämonen, ohne jemals zu wissen, wie man sich vor solchen gegensätzlichen Mächten retten könne. Es war eine Welt der Angst, eine dunkle Welt. Und jetzt hörten sie, dass gesagt wurde: „Freue dich, diese Dämonen sind ein Nichts, es gibt den wahren Gott, und dieser wahre Gott ist gut, er liebt uns, er kennt uns, er ist mit uns, so sehr mit uns, dass er sogar Fleisch geworden ist!" Das ist die große Freude, die das Christentum verkündet. Diesen Gott zu kennen, ist wirklich die „gute Nachricht", ein Wort der Erlösung.

Gott ist uns nahe, so nahe, dass er zu einem Kind wird.

Vielleicht sind wir Katholiken, die wir es seit jeher wissen, nicht mehr überrascht, vielleicht nehmen wir diese befreiende Freude nicht mehr in ihrer Lebendigkeit wahr. Aber wenn wir uns die heutige Welt ansehen, in der Gott abwesend ist, müssen wir feststellen, dass sie ebenfalls von Ängsten und Unsicherheiten beherrscht wird: Ist es gut, ein Mensch zu sein oder nicht? Ist es gut zu leben oder nicht? Ist die Existenz wirklich etwas Gutes? Oder ist vielleicht alles negativ? Und die Menschen leben wirklich in einer dunklen Welt und brauchen Betäubungsmittel, um leben zu können. Deshalb ist das Wort: „Freu dich, denn Gott ist mit dir, er ist mit uns“ ein Wort, das wirklich eine neue Zeit einleitet. Wir müssen dieses befreiende Wort „Freue dich!“ wieder im Glauben und aus tiefstem Herzen annehmen und verstehen.

Diese Freude, die man empfangen hat, kann man nicht für sich allein behalten.

Diese Freude, die man empfangen hat, kann man nicht für sich allein behalten; die Freude muss immer geteilt werden. Eine Freude muss mitgeteilt werden. Maria hat sich sogleich aufgemacht, um ihrer Verwandten Elisabet ihre Freude mitzuteilen. Und seit sie in den Himmel aufgenommen wurde, schenkt sie in der ganzen Welt Freude, ist sie die große Trösterin geworden, unsere Mutter, die Freude, Zuversicht und Güte mitteilt und uns einlädt, ebenfalls Freude zu verbreiten. Das ist unsere wahre Aufgabe im Advent: den anderen Menschen die Freude zu bringen. Das wahre Weihnachtsgeschenk ist die Freude, nicht die teuren Geschenke, die Zeit und Geld kosten. Wir können diese Freude in ganz einfacher Weise mitteilen, durch ein Lächeln, durch eine nette Geste, durch ein wenig Hilfe, durch Vergebung. Wenn wir den anderen die Freude bringen, dann wird die Freude, die wir geschenkt haben, wieder zu uns zurückkehren. Versuchen wir vor allem, die tiefste Freude zu bringen, die Freude, Gott in Christus kennengelernt zu haben. Bitten wir darum, dass in unserem Leben diese

Gegenwart der befreienden Freude Gottes sichtbar werde.

Das zweite Wort, das ich betrachten möchte, ist wieder ein Wort des Engels: „Fürchte dich nicht, Maria!" sagt er. Sie hatte wirklich allen Grund, sich zu fürchten, denn die Last der Welt auf den eigenen Schultern zu tragen, die Mutter des Königs der Welt zu sein, die Mutter des Sohnes Gottes zu sein, welch eine Last bedeutete das! Eine Last, die alle menschlichen Kräfte überstieg! Aber der Engel sagt: „Fürchte dich nicht! Ja, du trägst Gott, aber Gott trägt dich. Fürchte dich nicht!" Dieses Wort „Fürchte dich nicht!" ist sicher tief in Mariens Herz eingedrungen. Wir können uns vorstellen, dass die heilige Jungfrau später manchmal an dieses Wort zurückgedacht hat, es von neuem gehört hat. In dem Moment, als Simeon zu ihr sagt: „Dein Sohn wird ein Zeichen sein, dem widersprochen wird, dir selbst aber wird ein Schwert durch die Seele dringen" (vgl. *Lk* 2,34–35), in diesem Moment, in dem die Furcht sie hätte überwältigen können, denkt Maria an die Worte des Engels und hört sie im Innern leise widerhallen: „Fürchte dich nicht, Gott trägt dich!" Und als während seines öffentlichen Lebens der Streit um Jesus entbrennt und viele sagen: „Er ist von Sinnen", denkt sie wieder: „Fürchte dich nicht" und setzt ihren Weg fort. Als sie ihm schließlich auf dem Kreuzweg begegnet und dann auf Golgota unter dem Kreuz steht, hört sie, als alles verloren scheint, in ihrem Herzen wieder die Worte des Engels: „Fürchte dich nicht!" Und so steht sie mutig neben dem sterbenden Sohn und geht vom Glauben gestützt auf die Auferstehung, auf Pfingsten, auf die Gründung der neuen Familie der Kirche zu.

„Fürchte dich nicht!" (*Lk* 1,30): Maria sagt diese Worte auch zu uns.

„Fürchte dich nicht!": Maria sagt diese Worte auch zu uns. Ich habe bereits erwähnt, dass unsere Welt eine Welt der Angst ist: Angst vor Elend und Armut, Angst vor Krankheiten und Leiden, Angst vor der Einsamkeit, Angst vor dem Tod. Wir haben in unserer Welt ein hochentwickeltes Versicherungssystem, und es ist gut, dass es dies gibt. Aber wir wissen, dass uns im Augenblick schweren Leidens, im Augenblick der äußersten Todesverlassenheit keine Versicherung helfen kann. Die einzige Versicherung, die in dem Moment einen Wert hat, ist die, die vom Herrn kommt, der auch zu uns spricht: „Fürchte dich nicht, ich bin immer bei dir." Wir können fallen, aber am Ende fallen wir in Gottes Hände, und Gottes Hände sind gute Hände.

„Ich bin die Magd des Herrn, mir geschehe, wie du es gesagt hast." (*Lk* 1,38)

Das dritte Wort: Am Ende des Gesprächs antwortet Maria dem Engel: „Ich bin die Magd des Herrn, mir geschehe, wie du es gesagt hast." Maria nimmt so die dritte Bitte des Vaterunsers vorweg: „Dein Wille geschehe!" Sie sagt ja zum mächtigen Willen Gottes, einem Willen, der scheinbar zu groß für einen Menschen ist: Maria sagt ja zu diesem göttlichen Willen, sie fügt sich diesem Willen, mit einem allumfassenden Ja stellt sie ihr ganzes Dasein in den Willen Gottes hinein und öffnet Gott so die Tür zur Welt. Adam und Eva hatten durch ihr Nein zum Willen Gottes diese Tür geschlossen. „Gottes Wille geschehe": Maria lädt uns ein, ebenfalls dieses Ja auszusprechen, das manchmal so schwierig zu sein scheint. Wir sind versucht, unseren eigenen Willen vorzuziehen, aber sie sagt zu uns: „Hab Mut, sprich auch du: ‚Dein Wille geschehe', denn dieser Wille ist gut." Er mag uns anfangs wie eine beinahe unerträgliche Last erscheinen, wie ein Joch, das zu tragen unmöglich ist, aber in Wirklichkeit ist Gottes Wille keine Last, sondern der Wille Gottes verleiht uns Flügel, so dass wir hoch fliegen und es mit Maria auch selbst wagen können, Gott die Tür zu unserem Leben zu öffnen, die Türen zu dieser Welt, indem wir ja sagen zu seinem Willen, im Bewusstsein, dass dieser Wille das wahre Gut ist und uns zum wahren Glück führt. Bitten wir Maria, die Trösterin, unsere Mutter, die Mutter der Kirche, dass sie uns Mut gebe, dieses Ja auszusprechen, dass sie uns auch die Freude schenke, bei Gott zu sein, und dass sie uns zu seinem Sohn führe, zum wahren Leben.

Papst Benedikt XVI.: Predigt vom 18. Dezember 2005

Die unbefleckt Empfangene ist die Frucht der Liebe Gottes, die die Welt rettet.

Das Evangelium des heiligen Lukas stellt uns Maria vor Augen, ein Mädchen aus Nazaret, einer kleinen Ortschaft Galiläas am Rand des Römischen Reichs und auch am Rand Israels. Ein Dorf. Und dennoch: Auf sie, auf jenes Mädchen jenes fernen Dorfes, auf ihr ruhte der Blick des Herrn, der sie auserwählt hat, die Mutter seines Sohnes zu sein. Im Hinblick auf diese Mutterschaft ist Maria vor der Erbschuld bewahrt worden, das heißt vor jenem Bruch in der Gemeinschaft mit Gott, mit den anderen und mit der Schöpfung, der jeden Menschen in der Tiefe verletzt. Doch dieser Bruch ist im Voraus in der Mutter dessen geheilt worden, der gekommen ist, um uns von der Knechtschaft der Sünde zu befreien. Die unbefleckt Empfangene ist in den Plan Gottes einge-

schrieben; sie ist Frucht der Liebe Gottes, die die Welt rettet.
Und die Gottesmutter hat sich niemals von dieser Liebe entfernt: ihr ganzes Leben, ihr ganzes Sein ist ein „Ja" zu dieser Liebe, ein „Ja" zu Gott. Doch gewiss ist es nicht leicht für sie gewesen! Als der Engel sie „die Begnadete" nennt (*Lk* 1,28), „erschrickt" sie über die Anrede, da sie sich in ihrer Demut ein Nichts vor Gott fühlt. Der Engel tröstet sie: „Fürchte dich nicht, Maria; denn du hast bei Gott Gnade gefunden. Du wirst ein Kind empfangen[...]: dem sollst du den Namen Jesus geben" (V. 30–31). Diese Verkündigung erschüttert sie noch mehr, auch weil sie noch nicht mit Josef verheiratet war; doch der Engel fügt hinzu: „Der Heilige Geist wird über dich kommen [...]. Deshalb wird auch das Kind heilig und Sohn Gottes genannt werden" (V. 35). Maria hört, gehorcht im Inneren und antwortet: „Ich bin die Magd des Herrn; mir geschehe, wie du es gesagt hast" (V. 38).

Papst Franziskus: Angelus vom 8. Dezember 2013

Der Besuch Marias bei Elisabet (Lk 1,39–56)

Der Abschnitt aus dem *Lukasevangelium* [...](vgl. *Lk* 1,39–56) zeigt uns die lebendige Lade, Maria, in Bewegung: Sie hat ihr Haus in Nazaret verlassen und eilt in eine Stadt im Bergland von Judäa, um in das Haus von Zacharias und Elisabet zu gehen. Es scheint mir wichtig hervorzuheben, dass sie „eilt“: Die Dinge Gottes verdienen Eile, ja die einzigen Dinge der Welt, die Eile verdienen, sind die Dinge Gottes. Sie sind wirklich dringlich in unserem Leben.

Maria betritt also das Haus des Zacharias und der Elisabet, aber sie betritt es nicht allein. Als sie es betritt, trägt sie im Schoß ihren Sohn, Gott selbst, der Mensch geworden ist. Gewiss wurde sie, wurde ihre Hilfe in jenem Haus erwartet, aber der Evangelist gibt uns zu verstehen, dass diese Erwartung auf eine andere, eine tiefere verweist. Zacharias, Elisabet und der kleine Johannes der Täufer sind nämlich das Symbol für alle Gerechten Israels, deren Herz hoffnungsvoll auf das Kommen des Messias, des Erlösers wartet. Und der Heilige Geist öffnet Elisabet die Augen und lässt sie in Maria die wahre Lade des Bundes erkennen, die Mutter Gottes, die kommt, um sie zu besuchen. Und so empfängt ihre betagte Verwandte sie, indem sie „mit lauter Stimme“ ruft: „Gesegnet bist du mehr als alle anderen Frauen, und gesegnet ist die Frucht deines Leibes. Wer bin ich, dass die Mutter meines Herrn zu mir kommt?“ (*Lk* 1,42–43). Und der Heilige Geist öffnet in ihrer Anwesenheit, da sie den menschgewordenen Gott in ihrem Schoß trägt, auch das Herz Johannes’ des Täufers in Elisabets Leib. Elisabet ruft aus: „In dem Augenblick, als ich deinen Gruß hörte, hüpfte das Kind vor Freude in meinem Leib“ (V. 44). Hier benutzt der Evangelist Lukas den Ausdruck „skirtan“, also „hüpfen“. Denselben Ausdruck finden wir in einer der antiken griechischen Übersetzungen des Alten Testaments, um den Tanz des Königs David vor der heiligen Lade zu beschreiben, die endlich in die Heimat zurückge-

Der Heilige Geist öffnet Elisabet die Augen und lässt sie in Maria die wahre Lade des Bundes erkennen.

kehrt ist (2 Sam 6,16). Wie David tanzt Johannes der Täufer im Leib seiner Mutter vor der Lade des Bundes und bekennt so: Maria ist die neue Lade des Bundes, vor der das Herz freudig jubelt, die Mutter des in der Welt gegenwärtigen Gottes. Und sie behält diese göttliche Gegenwart nicht für sich, sondern bietet sie dar und teilt die Gnade Gottes mit den anderen. So ist Maria – wie es im Gebet heißt – wirklich „causa nostrae laetititae“ (Ursache unserer Freude), die „Lade“, in der der Erlöser wirklich unter uns gegenwärtig ist.

Papst Benedikt XVI.: Predigt vom 15. August 2011

Es ist schön, sich Gott bewusst zu machen – wie die Jungfrau Maria, die angesichts des wunderbaren Handelns Gottes in ihrem Leben nicht an Ehre, an Ansehen oder an Reichtum denkt und sich nicht in sich selbst verschließt. Im Gegenteil, nachdem sie die Botschaft des Engels aufgenommen und den Sohn Gottes empfangen hat, was tut sie? Sie bricht auf, sie geht zur alten Verwandten Elisabet, die auch schwanger ist, um ihr zu helfen; und bei der Begegnung mit ihr ist das erste, was sie tut, sich des Handelns Gottes bewusst zu werden, Gottes Treue in ihrem Leben, in der Geschichte ihres Volkes, in unserer Geschichte: „Meine Seele preist die Größe des Herrn ... Denn auf die Niedrigkeit seiner Magd hat er geschaut ... Er erbarmt sich von Geschlecht zu Geschlecht (*Lk* 1,46.48.50). Maria hat ein Bewusstsein für Gott.
In diesem Lobgesang Marias findet sich auch die Erinnerung an ihre persönliche Geschichte, die Geschichte Got-

tes mit ihr, ihre eigene Glaubenserfahrung. Und so ist es für jeden von uns, für jeden Christen: der Glaube enthält gerade das Bewusstsein für die Geschichte Gottes mit uns, für die Geschichte der Begegnung mit Gott, der sich als erster bewegt, der erschafft und erlöst, der uns verwandelt. Der Glaube ist Sich-Bewusstmachen seines Wortes, das das Herz erwärmt, seines Heilshandelns, mit dem er uns das Leben gibt, uns reinigt, heilt, nährt. Der Katechist ist eigentlich ein Christ, der dieses Bewusstsein in den Dienst der Verkündigung stellt; nicht um gesehen zu werden, nicht um von sich zu sprechen, sondern um von Gott zu sprechen, von seiner Liebe, von seiner Treue. Er will über all das sprechen und all das mitteilen, was Gott geoffenbart hat, das heißt die Lehre in ihrer Ganzheit, ohne etwas wegzunehmen oder hinzuzufügen.

Papst Franziskus: Predigt vom 29. September 2013

Die Geburt Jesu (Lk 2,1–20)

Das in Betlehem geborene Jesuskind ist das Zeichen, das Gott denen gegeben hat, die das Heil erwarteten, und es bleibt für immer das Zeichen der Zärtlichkeit Gottes und seiner Gegenwart in der Welt. Der Engel sagt zu den Hirten: „Das soll euch als Zeichen dienen: Ihr werdet ein Kind finden…“
Auch heute sind die Kinder ein Zeichen. Ein Zeichen der Hoffnung, ein Zeichen des Lebens, aber auch ein „diag-

nostisches“ Zeichen, um den Gesundheitszustand einer Familie, einer Gesellschaft, der ganzen Welt zu erkennen. Wenn die Kinder angenommen, geliebt, behütet und beschützt werden, ist die Familie gesund, wird die Gesellschaft besser und ist die Welt menschlicher. Gott wiederholt heute auch für uns Männer und Frauen des 21. Jahrhunderts: „Das soll euch als Zeichen dienen“, sucht das Kind …

„Das soll euch als Zeichen dienen: Ihr werdet ein Kind finden.“ (*Lk* 2,12)

Das Kind von Betlehem ist zart wie alle Neugeborenen. Es kann nicht sprechen, und doch ist es das Wort, das Fleisch geworden und gekommen ist, um das Herz und das Leben der Menschen zu verändern. Jenes Kind ist wie alle Kinder schwach und bedarf der Hilfe und des Schutzes. Auch heute haben es die Kinder nötig, angenommen und geschützt zu werden – vom Mutterschoß an.

Leider gibt es in dieser Welt, welche die raffiniertesten Technologien entwickelt hat, noch viele Kinder, die unter unmenschlichen Bedingungen an den Peripherien der großen Städte oder in ländlichen Gebieten am Rande der Gesellschaft leben. Wir schämen uns dafür vor Gott – vor Gott, der ein Kind geworden ist.

Und wir fragen uns: Wer sind wir vor dem Kind Jesus? Wer sind wir vor den Kindern von heute? Sind wir wie Maria und Josef, die Jesus aufnehmen und sich mit mütterlicher und väterlicher Liebe um ihn kümmern? Oder sind wir wie Herodes, der ihn beseitigen will? Sind wir wie die Hirten, die eilends gehen, die niederknien, um ihn anzubeten, und ihre bescheidenen Gaben darbringen? Oder sind wir gleichgültig? Sind wir etwa Phrasendrescher oder Frömmler, Menschen, welche die Bilder der armen Kinder zu Gewinnzwecken ausnutzen?

Sind wir fähig, bei ihnen zu sein, „Zeit zu verlieren" mit ihnen? Verstehen wir es, ihnen zuzuhören, sie zu behüten, für sie und mit ihnen zu beten? Oder vernachlässigen wir sie, um uns mit unseren Geschäften zu befassen?

Jedes Kind ist ein diagnostisches Zeichen, das uns erlaubt, den Gesundheitszustand unserer Familie, unserer Gemeinschaft zu überprüfen.

„Das soll uns als Zeichen dienen: Ihr werdet ein Kind finden..." Vielleicht weint jenes Kind; weint, weil es Hunger hat, weil es friert, weil es in den Armen liegen möchte... Auch heute weinen die Kinder, sie weinen viel, und ihr Weinen fragt uns an. In einer Welt, die täglich tonnenweise Nahrungsmittel und Medikamente wegwirft, gibt es Kinder, die vor Hunger oder aufgrund von Krankheiten, die leicht zu heilen wären, vergeblich weinen. In einer Zeit, die den Schutz der Minderjährigen proklamiert, werden Waffen gehandelt, die in den Händen von Kinder-Soldaten landen; werden Produkte gehandelt, die von kleinen Sklavenarbeitern verpackt sind. Ihr Weinen ist unterdrückt: Das Weinen dieser Kinder ist unterdrückt! Sie müssen kämpfen, müssen arbeiten, sie dürfen nicht weinen! Doch um sie weinen die Mütter, Rahel von heute: Sie beweinen ihre Kinder und wollen sich nicht trösten lassen (vgl. *Mt* 2,18).

„Das soll euch als Zeichen dienen: Ihr werdet ein Kind finden..." Das in Betlehem geborene Jesuskind, jedes Kind, das in jedem Teil der Welt geboren wird und heranwächst, ist ein diagnostisches Zeichen, das uns erlaubt, den Gesundheitszustand unserer Familie, unserer Gemeinschaft, unserer Nation zu überprüfen. Aus dieser klaren und aufrichtigen Diagnose kann ein neuer Lebensstil hervorgehen, wo die Beziehungen nicht mehr durch

Konflikt, Unterdrückung und Konsumismus bestimmt sind, sondern Beziehungen der Brüderlichkeit, der Vergebung und der Versöhnung, des Teilens und der Liebe sind.

O Maria, Mutter Jesu,
die du ihn aufgenommen hast, lehre uns aufnehmen;
die du ihn angebetet hast, lehre uns anbeten;
die du ihm nachgefolgt bist, lehre uns nachfolgen. Amen.

Papst Franziskus: Predigt vom 25. Mai 2015 in Betlehem

Das Evangelium berichtet, dass das große himmlische Heer der Engel sang: „Ehre sei Gott in der Höhe und Friede auf Erden den Menschen seiner Gnade." Die Engel verkünden den Hirten, dass die Geburt Jesu Ehre „ist" für Gott in der Höhe, und dass sie Friede auf Erden „ist" für die Menschen seiner Gnade. Zu Recht besteht daher der Brauch, zur Verdeutlichung des Weihnachtsgeheimnisses, das in der Krippe seine Erfüllung fand, diese Worte der Engel an der Grotte anzubringen. Das Wort „Ehre" (*doxa*) zeigt den Glanz Gottes an, der das dankbare Lob der Geschöpfe hervorruft. Der hl. Paulus wird von der „Erkenntnis des göttlichen Glanzes auf dem Antlitz Christi" sprechen (2 Kor 4,6). „Friede" (*eirene*) fasst die Fülle der messianischen Gaben zusammen, die Erlösung also, die, wie ebenfalls der Apostel Paulus sagt, mit Christus selbst identifiziert wird: „Denn er ist unser Friede" (*Eph* 2,14). Schließlich gibt es noch den Hinweis auf die Menschen „seiner Gnade". Im allgemeinen Sprachgebrauch lässt „Gnade“ oder „guter Wille“ (*eudokia*) an den „guten Willen“ der Menschen denken, hier jedoch ist damit das „gute Wollen“ Gottes gegenüber den Menschen gemeint, das keine Grenzen kennt. Denn das ist die Weihnachtsbotschaft: Durch die Geburt Jesu hat Gott sein gutes Wollen gegenüber allen offenbart.

Gottes Ruhm offenbart sich in der Erlösung des Menschen.

Kehren wir zur Frage „Warum ist Gott Mensch geworden?“ zurück. Der hl. Irenäus schreibt: „Das Wort ist zum Nutzen der Menschen Austeiler der Gnadengaben geworden, die der Vater schenkt. ... Die Herrlichkeit Gottes ist der lebende Mensch – vivens homo –, das Leben des Menschen die Gottesschau“ (*Adv. Haer.* 20,7). Gottes Ruhm offenbart sich also in der Erlösung des Menschen, den Gott – wie der Evangelist Johannes sagt – so sehr geliebt hat, „dass er seinen einzigen Sohn hingab, damit jeder, der an ihn glaubt, nicht zugrunde geht, sondern das ewige Leben hat“ (*Joh* 3,16). Denn die Liebe ist der letzte Grund der Menschwerdung Christi. Vielsagend ist diesbezüglich die Reflexion des Theologen H. U. von Balthasar, der schrieb, dass Gott nicht in erster Linie absolute Macht ist, sondern absolute Liebe, deren Hoheit sich nicht darin offenbart, dass sie das, was ihr gehört, für sich behält, sondern in ihrer Hingabe (vgl. *Theologie der drei Tage* I 4). Der Gott, den wir in der Krippe betrachten, ist der Gott, der Liebe ist.

So klingt die Verkündigung der Engel für uns auch wie eine Einladung: Ehre „sei“ Gott in der Höhe, Friede auf Erden „sei“ den Menschen seiner Gnade. Die einzige Art und Weise, Gott zu verherrlichen und den Frieden in der Welt aufzubauen, besteht in der demütigen und vertrauensvollen Annahme der Weihnachtsgabe: der Liebe. Der

Gesang der Engel kann so zu einem Gebet werden, das oft wiederholt werden muss, und nicht nur jetzt in der Weihnachtszeit. Ein Lobgesang für Gott in der Höhe und eine inständige Bitte um Frieden auf Erden, die zum konkreten Einsatz werden soll, diesen mit unserem Leben aufzubauen: Das ist die Aufgabe, die das Weihnachtsfest uns anvertraut.

[...]

Was bedeutet dieses große Geheimnis unseres Glaubens? Warum ist Gott Mensch geworden? Der Gesang der Engel in Betlehem hilft uns, auf diese Fragen zu antworten: „Ehre sei Gott in der Höhe und Friede auf Erden den Menschen seiner Gnade“ (*Lk* 2,14). Die Geburt Christi ist zugleich Verherrlichung Gottes und Friede für die Menschen. Der Friede steht für die Fülle aller messianischen Gaben, für das Heil, das Christus selbst ist. Der heilige Irenäus schreibt dazu: „Das Wort ist zum Nutzen der Menschen Austeiler der Gnadengaben geworden, die der Vater schenkt. ... Die Herrlichkeit Gottes ist der lebendige Mensch; das Leben des Menschen die Gottesschau“ (*Adv. Haer.* IV, 20, 5.7). Gottes Herrlichkeit offenbart sich im Heil des Menschen, für den der Vater seinen Sohn hingibt. Der tiefste Grund der Menschwerdung ist also die Liebe Gottes, der uns die Erlösung schenken will. [...] Wir alle sind eingeladen, mit unserem Lobpreis und mit unserem Leben in die Frohbotschaft der Engel von Betlehem einzustimmen. Nehmen wir den Frieden Christi in uns auf, damit in uns und durch uns die Liebe Gottes sichtbar werde.

„Ehre sei Gott in der Höhe und Friede auf Erden den Menschen seiner Gnade.“ (*Lk* 2,14)

Papst Benedikt XVI.: Generalaudienz vom 27. Dezember 2006

Das Zeugnis des Simeon und der Hanna über Jesus (Lk 2,21–40)

Wir betrachten Jesus, den Herrn, den Maria und Josef in den Tempel bringen, um ihn „dem Herrn zu weihen" (*Lk* 2,22). In dieser Szene des Evangeliums enthüllt sich das Geheimnis des Sohnes der Jungfrau, des dem Vater Geweihten, der in die Welt gekommen ist, um seinen Willen treu zu erfüllen (vgl. *Hebr* 10,5–7). Simeon bezeichnet ihn als „ein Licht, das die Heiden erleuchtet" (*Lk* 2,32), und kündigt mit prophetischem Wort sein höchstes Opfer an Gott und seinen endgültigen Sieg an (vgl. *Lk* 2,32–5). Hier ereignet sich die Begegnung der beiden Testamente, des Alten und des Neuen. Jesus kommt in den alten Tempel, er, der der neue Tempel Gottes ist: Er kommt, um sein Volk zu besuchen, wodurch es zur Erfüllung des Gehorsams gegenüber dem Gesetz und zur Eröffnung der letzten Zeit des Heils kommt.

Geführt vom Heiligen Geist finden sie in jenem Kind die Erfüllung ihrer langen Zeit des Wartens und der Wachsamkeit.

Es ist interessant, diesen Einzug des Jesuskindes in den feierlichen Rahmen des Tempels aus der Nähe zu betrachten: Es herrscht ein großes „Kommen und Gehen" von so vielen Menschen, die mit ihren Verpflichtungen beschäftigt sind: die Priester und die Leviten mit ihren Dienstplänen, die zahlreichen frommen Gläubigen und Pilger, die den sehnlichen Wunsch haben, dem heiligen Gott Israels zu begegnen. Keiner dieser Leute merkt jedoch etwas. Jesus ist ein Kind wie die anderen, erstgeborener Sohn seiner sehr einfachen Eltern. Auch die Priester sind nicht fähig, die Zeichen der neuen und besonderen Gegenwart des Messias und Erlösers zu be-

greifen. Nur zwei Greise, Simeon und Hanna, entdecken die große Neuigkeit.
Geführt vom Heiligen Geist finden sie in jenem Kind die Erfüllung ihrer langen Zeit des Wartens und der Wachsamkeit. Beide betrachten das Licht Gottes, das kommt, um die Welt zu erleuchten, und ihr prophetischer Blick öffnet sich auf die Zukunft hin, wie es die Ankündigung des Messias besagt: „Lumen ad revelationem gentium! Ein Licht, das die Heiden erleuchtet!" (*Lk* 2,32). In dem prophetischen Verhalten der beiden Greise, das die Freude über die Begegnung mit dem Erlöser zum Ausdruck bringt, ist der ganze Alte Bund eingefangen. Beim Anblick des Kindes ahnen Simeon und Hanna, dass wirklich er der Verheißene ist.
Die Darstellung Jesu im Tempel ist ein beredtes Bild für die Ganzhingabe des eigenen Lebens aller, Männer und Frauen, die aufgerufen sind, in der Kirche und in der Welt durch die evangelischen Räte „die Wesenszüge Jesu – Jungfräulichkeit, Armut und Gehorsam" (Nachsynodales Apostol. Schreiben Vita consecrata, 1) wiederzugeben. Deshalb ist das heutige Fest vom ehrwürdigen Diener Gottes Johannes Paul II. zum jährlichen Tag des geweihten Lebens bestimmt worden. Ich möchte drei kurze Überlegungen zu diesem Fest anstellen. Die erste: Das im Evangelium wiedergegebene Bild von der Darstellung Jesu im Tempel enthält das grundlegende Symbol des Lichts; das Licht, das von Christus her auf Maria und Josef, auf Simeon und Hanna und durch sie auf alle ausstrahlt. Die Kirchenväter haben diese Ausstrahlung mit dem spirituellen Weg in Zusammenhang gebracht. Das geweihte Leben ist in besonderer Weise als Philokalia, Liebe zur göttlichen Schönheit, Ausstrahlung der göttli-

chen Güte, Ausdruck dieses Weges (vgl. ebd., Nr. 19). Auf dem Antlitz Christi erstrahlt das Licht dieser Schönheit. „Die Kirche betrachtet das verklärte Antlitz Christi, um sich im Glauben zu stärken und die Ohnmacht vor seinem entstellten Antlitz am Kreuz nicht zu riskieren [...] sie ist die Braut, die vor dem Bräutigam steht, die an seinem Geheimnis teilhat und von seinem Licht eingehüllt ist. Von diesem Licht werden alle ihre Söhne und Töchter erreicht. [...] Aber eine einzigartige Erfahrung des von dem fleischgewordenen Wort ausgestrahlten Lichtes machen mit Sicherheit jene, die zum geweihten Leben berufen sind. Das Bekenntnis zu den evangelischen Räten bestimmt sie nämlich zum Zeichen und zur Prophetie für die Gemeinschaft der Brüder und Schwestern sowie für die Welt“ (ebd., 15). Zweitens macht das Bild des Evangeliums die Weissagung deutlich, die Gabe des Heiligen Geistes ist.

Die Darstellung Jesu im Tempel ist ein beredtes Bild für die Ganzhingabe des eigenen Lebens aller.

Simeon und Hanna betrachten das Jesuskind und sehen in ihm sein Schicksal voraus: Tod und Auferstehung für das Heil der Völker, und verkünden es als Geheimnis einer universellen Erlösung. Das geweihte Leben ist zu einem solchen prophetischen Zeugnis berufen, das mit dessen zweifacher, sowohl kontemplativer wie aktiver Lebenshaltung zusammenhängt. Den geweihten Männern und Frauen ist es in der Tat gegeben, die Vorherrschaft Gottes, die Leidenschaft für das Evangelium zu bezeugen, das von ihnen als Lebensform und als Botschaft an die Armen und Geringen der Erde gelebt wird. „Kraft dieser Vorrangstellung darf nichts über die persönliche Liebe zu Christus und zu den Armen, in denen er lebt, gestellt werden [...]. Die wahre Prophetie entsteht aus Gott, aus der Freundschaft mit ihm, aus dem aufmerksamen Hören seines Wortes in den verschiedenen geschichtlichen Gegebenheiten" (ebd., 84). Auf diese Weise bekundet das geweihte Leben in seinem gelebten Alltag auf den Straßen der Menschheit das Evangelium und das Reich Gottes, das bereits gegenwärtig und tätig ist.

Die wahre Prophetie entsteht aus Gott, aus der Freundschaft mit ihm.

Drittens zeigt das Bild des Evangeliums von der Darstellung Jesu im Tempel die Weisheit von Simeon und Hanna, die Weisheit eines Lebens, das ganz der Suche nach dem Antlitz Gottes, nach seinen Zeichen, nach seinem Willen hingegeben ist; ein Leben, das dem Hören und der Verkündigung seines Wortes geweiht ist: „Faciem tuam, Domine, requiram: dein Angesicht, Herr, will ich suchen (Ps 26,8) [...] Das geweihte Leben [...] blüht gerade auf dem Boden dieser Suche nach dem Antlitz des Herrn und dieses Weges, der zu Ihm führt (vgl. Joh 14,8) [...] Gottgeweihte bezeugen also die frohe und zugleich mühsame, beständige Suche nach dem Willen Gottes" (vgl. Kongregation für die Institute des geweihten Lebens und die Gesellschaften apostolischen Lebens, Instruktion Der Dienst der Autorität und der Gehorsam. Faciem tuam Domine requiram [2008], 1).

Papst Benedikt XVI.: Predigt vom 2. Februar 2011

Das Evangelium zeigt uns [...] die Gottesmutter und den heiligen Josef in dem Augenblick, in dem sie sich vierzig Tage nach der Geburt Jesu zum Tempel von Jerusalem begeben. Sie tun dies in religiösem Gehorsam gegenüber dem Gesetz des Mose, das vorschreibt, dem Herrn den Erstgeborenen zu weihen (vgl. *Lk* 2,22–24).

Wir können uns diese kleine Familie vorstellen, mitten unter vielen Leuten, in den großen Vorhöfen des Tempels. Sie fällt nicht auf, sie unterscheidet sich nicht von den anderen... Und dennoch bleibt sie nicht unbemerkt! Zwei alte Menschen, Simeon und Hanna, treten vom Heiligen Geist bewegt näher und beginnen, Gott für dieses Kind zu preisen, in dem sie den Messias erkennen, Licht der Völker und Heil Israels (vgl. *Lk* 2,22–38). Es ist dies ein schlichter, aber an Prophetie reicher Augenblick: die Begegnung zwischen zwei jungen Brautleuten voller Freude und voller Glauben aufgrund der Gnadengaben des Herrn; und zwei alten Menschen, auch sie voller Freude und Glauben aufgrund des Wirkens des Geistes. Wer lässt sie einander begegnen? Jesus.

Jesus ist es,
der die Generationen
einander nahe bringt.

Jesus lässt sie aufeinandertreffen: die jungen und die alten Menschen. Jesus ist es, der die Generationen einander nahe bringt. Er ist der Quell jener Liebe, die die Familien und Menschen eint und jegliches Misstrauen, jegliche Einsamkeit, jegliche Ferne überwindet. Das lässt uns auch an die Großeltern denken: wie wichtig ist doch ihre Präsenz, die Präsenz der Großeltern! Wie kostbar ist ihre Rolle in den Familien und in der Gesellschaft! Die gute Beziehung zwischen den jungen und den alten Menschen ist entscheidend für den Weg der Zivilgesellschaft und der kirchlichen Gemeinschaft.

Und während wir auf diese beiden alten Menschen blicken, auf diese Großeltern – Simeon und Hanna –, grüßen wir von hier aus mit einem Applaus alle Großeltern der Welt. Die Botschaft, die aus der Heiligen Familie hervorgeht, ist vor allem eine Botschaft des Glaubens. Im Familienleben Marias und Josefs ist Gott wirklich der Mittelpunkt, und er ist es in der Person Jesu. Deshalb ist die Familie von Nazaret „heilig". Warum? Weil sie Jesus zum Mittelpunkt hat. Wenn die Eltern und Kinder gemeinsam diese Atmosphäre des Glaubens atmen, besitzen sie eine Energie, die es ihnen ermöglicht, auch schweren Prüfungen entgegenzutreten, wie die Erfahrung der Heiligen Familie zeigt, zum Beispiel im dramatischen Ereignis der Flucht nach Ägypten: eine harte Prüfung.

Die Botschaft, die aus der Heiligen Familie hervorgeht, ist vor allem eine Botschaft des Glaubens.

Das Jesuskind bildet mit seiner Mutter Maria und dem hl. Josef ein einfaches, aber sehr leuchtendes Bild der Familie. Das Licht, das es ausstrahlt, ist Licht der Barmherzigkeit und des Heils für die ganze Welt, Licht der Wahrheit für einen jeden Menschen, für die Menschheitsfamilie und für die einzelnen Familien. Dieses Licht, das der Heiligen Familie entspringt, ermutigt uns dazu, in jenen familiären Situationen menschliche Wärme anzubieten, in denen es aus verschiedenen Gründen an Frieden mangelt, an Harmonie mangelt, an Vergebung mangelt. Unsere konkrete Solidarität darf besonders gegenüber den Familien nicht fehlen, die aufgrund von Krankheiten, Arbeitslosigkeit, Diskriminierungen oder des Zwangs, ihr Land zu verlassen, schwerste Situationen durchleben. Und an dieser Stelle wollen wir ein wenig innehalten und in Stille beten für all diese Familien, die sich in Schwierigkeiten befinden, seien es Schwierigkeiten aufgrund von Krankheit, Arbeitslosigkeit, Diskriminierung, des Zwangs, ihr Land zu verlassen, seien es Schwierigkeiten, einander zu verstehen, oder auch der Uneinigkeit.

Papst Franziskus: Angelus vom 28. Dezember 2014

Der zwölfjährige Jesus im Tempel (Lk 2,41–52)

Die Jungfrau Maria und der hl. Josef steigen der Tradition getreu zusammen mit Jesus zum Paschafest nach Jerusalem hinauf. Das erste Mal hatte Jesus den Tempel des Herrn vierzig Tage nach seiner Geburt betreten, als seine Eltern für ihn „ein Paar Turteltauben oder zwei junge Tauben" (*Lk* 2,24) als Opfer dargebracht hatten, das heißt das Opfer der Armen. „Lukas, dessen ganzes Evangelium von einer Theologie der Armen und der Armut durchzogen ist, lässt uns [...] wissen, dass die Familie Jesu zu den Armen Israels zählte; dass gerade unter ihnen die Erfüllung der Verheißung reifen konnte (Joseph Ratzinger-Benedikt XVI., *Die Kindheitsgeschichten*, Freiburg 2012, S. 89). Heute ist Jesus erneut im Tempel, doch dieses Mal hat er eine andere Rolle, die ihn persönlich betrifft. Er begibt sich zusammen mit Maria und Josef auf die Pilgerreise nach Jerusalem nach Vorschrift des Gesetzes (vgl. *Ex* 23,17; 34,23ff.), obschon er sein dreizehntes Lebensjahr noch nicht vollendet hatte: ein Zeichen der tiefen Religiosität der Heiligen Familie.

Als aber seine Eltern zurück nach Nazaret aufbrechen, geschieht etwas Unerwartetes: er bleibt, ohne etwas zu sagen, in der Stadt. Drei Tage suchen ihn Maria und Josef und finden ihn im Tempel im Gespräch mit den Gesetzeslehrern (vgl. *Lk* 2,46–47); und als sie ihn um eine Erklärung bitten, antwortet Jesus, dass sie sich nicht wundern sollen, da dies sein Platz sei, sein Haus beim Vater, der Gott ist (vgl. *Die Kindheitsgeschichten*, S. 131). Origenes schreibt dazu: „Er bekennt, im Tempel seines Vaters zu sein, jenes Vaters, den er uns offenbart hat und als dessen Sohn er sich zu erkennen gegeben hat" (*Homilien zum Lukasevangelium*, 18,5). Marias und Josefs Sorge um Jesus ist dieselbe wie die aller Eltern, die ein Kind erziehen, es in das Leben und Verständnis der Wirklichkeit einführen.

Marias und Josefs Sorge um Jesus ist dieselbe wie die aller Eltern, die ein Kind erziehen.

Das Schweigen Josefs, des Gerechten (vgl. *Mt* 1,19), und das Vorbild Marias, die alles in ihrem Herzen bewahrte (vgl. *Lk* 2,51), mögen uns in das von Glauben und Menschlichkeit erfüllte Geheimnis der Heiligen Familie eintreten lassen. Ich wünsche allen christlichen Familien, mit derselben Liebe und derselben Freude der Familie Jesu, Marias und Josefs in der Gegenwart Gottes zu leben.

Papst Benedikt XVI.: Angelus vom 30. Dezember 2012

Der zwölfjährige Jesus bleibt im Tempel zu Jerusalem, ohne dass seine Eltern dies merken. Erstaunt und besorgt finden sie ihn dort nach drei Tagen, während er mit den Lehrern diskutiert. Der Mutter, die ihn zur Rede stellt, erwidert Jesus, dass er in dem, was seinem Vater gehört, im Haus des Vaters, das heißt Gottes, sein muss (vgl. *Lk* 2,49). In dieser Episode zeigt sich der junge Jesus voller Eifer für Gott und den Tempel. Stellen wir uns die Frage: Von wem hatte Jesus die Liebe zu dem gelernt, „was seinem Vater gehört"? Als Sohn besaß er gewiss eine tiefe Kenntnis Gottes, seines Vaters, eine beständige innige und persönliche Beziehung zu ihm. In seiner konkreten Erziehung jedoch hat er die Gebete, die Liebe zum

Tempel und zu den Institutionen Israels mit Sicherheit von seinen Eltern gelernt. Wir können also sagen, dass die Entscheidung Jesu, im Tempel zu bleiben, vor allem Frucht seiner engen Beziehung zum Vater, aber auch Ergebnis der durch Maria und Josef empfangenen Erziehung war. Hier können wir den echten Sinn der christlichen Erziehung sehen: Sie ist das Ergebnis einer Zusammenarbeit, die stets gesucht werden muss zwischen den Erziehern und Gott. Die christliche Familie ist sich bewusst, dass die Kinder ein Geschenk und ein Plan Gottes sind. Daher darf sie diese nicht als ihren Besitz betrachten, sondern sie dient in ihnen dem Plan Gottes und ist so dazu berufen, sie zur größten Freiheit zu erziehen, welche gerade darin besteht, „Ja“ zu Gott zu sagen, um seinen Willen zu tun. Die Jungfrau Maria ist das vollkommene Vorbild für dieses „Ja“. Ihr empfehlen wir alle Familien und beten besonders für ihren kostbaren Erziehungsauftrag.

Die christliche Familie ist sich bewusst, dass die Kinder ein Geschenk und ein Plan Gottes sind.

Papst Benedikt XVI.: Angelus vom 27. Dezember 2009

Die Vorbereitung des Wirkens Jesu (Lk 3,1–4,13)

Die Taufe Jesu (Lk 3,21–22)

„Du bist geliebter Sohn.“ (*Lk* 3,22b)

Die Freude, die der Feier des heiligen Weihnachtsfestes entsprungen ist, findet ihre Erfüllung im Fest der Taufe des Herrn. Zu dieser Freude kommt ein weiterer Grund hinzu für uns; im Sakrament der Taufe offenbart sich die lebendige und wirksame Gegenwart des Heiligen Geistes, der die Kirche um neue Söhne und Töchter bereichert und sie so belebt und wachsen lässt.

Der Bericht von der Taufe Jesu im Lukas-Evangelium zeigt den Weg der Erniedrigung und Demut, den der Sohn Gottes freiwillig gewählt hat, um dem Plan des Vaters zu folgen, um seinem Liebeswillen im Hinblick auf den Menschen in allem gehorsam zu sein, bis hin zum Kreuzesopfer. Erwachsen geworden, beginnt Jesus seine öffentliche Sendung, indem er sich zum Jordan begibt, um von Johannes eine Taufe der Buße und Umkehr zu empfangen. Es geschieht das, was in unseren Augen paradox erscheinen könnte. Braucht Jesus Buße und Umkehr? Sicherlich nicht. Und doch reiht sich gerade er, der ohne Sünde ist, unter die Sünder ein, um sich taufen zu lassen, um diese Geste der Buße zu vollbringen; der Heilige Gottes vereint sich mit denen, die erkennen, dass sie der Vergebung bedürfen, und die Gott um die Gabe der Bekehrung bitten, das heißt um die Gnade mit ganzem Herzen zu ihm zurückzukehren, um vollkommen ihm zu gehören. Jesus will sich auf die Seite der Sünder stellen, indem er mit ihnen solidarisch ist und die Nähe Gottes zum Ausdruck bringt. Jesus zeigt seine Solidarität mit uns, mit unserer Mühe, uns zu bekehren, unsere Egoismen hinter uns zu lassen, von unseren Sünden loszukommen, um uns zu sagen, dass er – wenn wir ihn in unser Leben aufnehmen – fähig ist, uns wieder aufzurichten und zur Höhe Gottes, des Vaters zu führen. Und diese Solidarität Jesu ist nicht nur sozusagen eine bloße Übung des Geistes und des Willens. Jesus ist wirklich in unsere menschliche Situation eingetaucht, er hat sie bis ins Letzte gelebt, ausgenommen die Sünde, und er kann deren Schwäche und Zerbrechlichkeit verstehen. Deshalb hat er Mitleid, will er „mit" den Menschen „leiden", mit uns Buße tun. Das ist das Werk Gottes, das Jesus vollbringen will: die göttliche Sendung, für den zu sorgen, der verletzt ist; den zu heilen, der krank ist, und die Sünde der Welt auf sich zu nehmen.

Jesus will sich auf die Seite der Sünder stellen, indem er mit ihnen solidarisch ist.

Was geschieht im Augenblick der Taufe Jesu durch Johannes? Angesichts dieser demütigen Geste der Liebe von Seiten des Gottessohnes öffnet sich der Himmel, und der Heilige Geist offenbart sich sichtbar im Bild der Taube, während eine Stimme aus der Höhe das Wohlgefallen des Vaters zum Ausdruck bringt, der den eingeborenen, geliebten Sohn anerkennt. Es handelt sich um eine wirkliche Offenbarung der allerheiligsten Dreifaltigkeit, die die Gottheit Jesu bezeugt und dass er der verheißene Messias ist, von Gott gesandt, um sein Volk zu befreien, damit es gerettet wird (vgl. *Jes* 40,2). So wird die Prophetie Jesajas Wirklichkeit, die wir in der ersten Lesung gehört haben: Gott, der Herr, kommt mit Macht, um die

Werke der Sünde zu vernichten, und er herrscht mit starkem Arm, um den Bösen zu entwaffnen. Aber denken wir daran, dass dieser Arm der am Kreuz ausgestreckte Arm ist und dass die Macht Christi die Macht dessen ist, der für uns leidet: das ist die Macht Gottes, die anders ist als die Macht der Welt; so kommt Gott mit Macht, um die Sünde zu vernichten. Jesus handelt wie der gute Hirte, der seine Herde weidet und sammelt, damit sie nicht verloren geht (vgl. *Jes* 40,10–11), und der sein eigenes Leben hingibt, damit sie das Leben hat. Durch den Erlösungstod Jesu wird der Mensch von der Herrschaft der Sünde befreit und mit dem Vater versöhnt; durch die Auferstehung Jesu wird der Mensch aus dem ewigen Tod gerettet und erlangt den Sieg über das Böse.

Jesus handelt wie der gute Hirte, der seine Herde weidet und sammelt, damit sie nicht verloren geht.

Was geschieht in der Taufe? Es geschieht gerade dies: Sie werden tief und für immer mit Christus verbunden, eingetaucht in das Geheimnis seiner Macht und Stärke, das heißt in das Geheimnis seines Todes, der Quelle des Lebens ist, um an seiner Auferstehung teilzuhaben, um zu einem neuen Leben geboren zu werden. Das ist das Wunder, das sich heute auch für eure Kinder wiederholt: Durch den Empfang der Taufe werden sie als Kinder Gottes wiedergeboren, sie haben teil an der Sohnesbeziehung Jesu zum Vater, sie können sich an Gott wenden, indem sie ihn mit tiefer Vertrautheit und voll Vertrauen: „Abbà, Vater" nennen. Auch über euren Kindern steht der Himmel offen, und Gott sagt: das sind meine Kinder, Kinder meines Wohlgefallens. In diese Beziehung eingefügt und befreit von der Erbsünde, werden sie lebendige Glieder des einen Leibes, der die Kirche ist, und werden in die Lage versetzt, ihre Berufung zur Heiligkeit in Fülle zu leben, so das sie das ewige Leben erben können, das uns die Auferstehung Jesu erlangt hat.

Papst Benedikt XVI.: Predigt vom 13. Januar 2013

Die Versuchung Jesu (Lk 4,1–13)

Der heilige Evangelist Lukas erzählt, dass Jesus, nachdem er von Johannes getauft worden war, „erfüllt vom Heiligen Geist, die Jordangegend [verließ]. Darauf führte ihn der Geist vierzig Tage lang in der Wüste umher, und dabei wurde Jesus vom Teufel in Versuchung geführt" (*Lk* 4,1–2). Es wird deutlich hervorgehoben, dass es sich bei den Versuchungen nicht um einen gewöhnlichen Zwischenfall handelte, sondern um die Folge der Entscheidung Jesu, der ihm vom Vater übertragenen Sendung zu folgen, bis zum Äußersten seine Wirklichkeit als geliebter Sohn zu leben, der sich ganz ihm anvertraut. Christus ist in die Welt gekommen, um uns von der Sünde und von der zweifelhaften Faszination zu befreien, unser Leben ohne Gott zu entwerfen. Er hat dies nicht mit hochtrabenden Erklärungen getan, sondern indem er selbst gegen den Versucher gekämpft hat, bis hin ans Kreuz. Dieses Beispiel gilt für alle: Man verbessert die Welt, indem man bei sich selbst anfängt und mit der Gnade Gottes das ändert, was im eigenen Leben nicht in Ordnung ist.

Man verbessert die Welt, indem man bei sich selbst anfängt.

Von den drei Versuchungen, mit denen der Teufel Jesus konfrontiert, hat die erste ihren Ursprung im Hunger, das heißt im materiellen Bedürfnis: „Wenn du Gottes Sohn bist, so befiehl diesem Stein, zu Brot zu werden." Jesus aber antwortet mit der Heiligen Schrift: „Der Mensch lebt nicht nur von Brot" (*Lk* 4,3–4; vgl. Dtn 8,3). Dann zeigt der Teufel Jesus alle Reiche der Erde und sagt: Alles wird dir gehören, wenn du dich vor mir niederwirfst und mich anbetest. Es ist die Täuschung der Macht, die Jesus entlarvt und zurückweist: „Vor dem Herrn, deinem Gott, sollst du dich niederwerfen und ihm allein dienen" (vgl. *Lk* 4,5–8; *Dtn* 6,13). Keine Anbetung der Macht, sondern allein Anbetung Gottes, der Wahrheit und der Liebe. Schließlich schlägt der Versucher Jesus vor, ein aufsehenerregendes Wunder zu wirken: Er soll sich von den hohen Mauern des Tempels stürzen und sich von den Engeln retten lassen, so dass alle an ihn glauben. Doch Jesus antwortet, dass Gott nie auf die Probe gestellt werden darf (vgl. *Dtn* 6,16). Wir dürfen „kein Experiment unternehmen", in dem Gott eine Antwort geben und sich als Gott erweisen soll: Wir müssen an ihn glauben! Wir dürfen Gott nicht zum „Gegenstand" unseres „Experimentierens" machen! Mit ständigem Bezug auf die Schrift stellt Jesus den menschlichen Kriterien das einzig wahre Kriterium voran: den Gehorsam, die Übereinstimmung mit dem Willen Gottes, der das Fundament unseres Seins ist. Auch dies ist eine grundlegende Lehre für uns: Wenn wir das Wort Gottes im Geist und im Herzen tragen, wenn dieses Wort in unser Leben eintritt, wenn wir Vertrauen in Gott haben, so können wir jegliche Täuschung durch den

Wenn wir das Wort Gottes im Geist und im Herzen tragen, können wir jegliche Täuschung durch den Versucher abweisen.

Versucher abweisen. Aus der ganzen Erzählung tritt darüber hinaus deutlich das Bild Christi als neuer Adam hervor, des demütigen und dem Vater gehorsamen Sohnes Gottes, im Unterschied zu Adam und Eva, die im Garten Eden den Verführungen des Geistes des Bösen, ohne Gott unsterblich zu sein, nachgegeben hatten.

Papst Benedikt XVI.: Angelus vom 21. Februar 2010

Das Wirken Jesu in Galiläa (Lk 4,14–9,50)

Die Berufung der ersten Jünger (Lk 5,1–11)

Der Bericht über die Berufung der ersten Jünger legt uns Lukas in einer im Vergleich zu den beiden anderen Synoptikern Matthäus und Markus (vgl. *Mt* 4,18–22; *Mk* 1,16–20) eigenen Version vor. Der Berufung nämlich gehen die Lehre Jesu vor einer Menschenmenge sowie ein wunderbarer Fischfang voraus, der sich nach dem Willen des Herrn vollzog (*Lk*, 5,1–6). Denn während sich die Menge am Ufer des Sees Gennesaret drängt, um Jesus zu hören, sieht er Simon und dessen Entmutigung, weil er die ganze Nacht nichts gefangen hatte. Zuerst bittet er ihn, in sein Boot steigen zu dürfen, um das Volk unweit vom Ufer aus lehren zu können; als er dann seine Rede beendet hat, befiehlt er ihm, mit seinen Gefährten auf den See hinauszufahren und die Netze auszuwerfen (vgl. V. 5). Simon gehorcht, und sie fangen eine unglaublich große Menge Fische. Auf diese Weise zeigt der Evangelist, wie die ersten Jünger Jesus folgten, ihm vertrauten und sich auf sein Wort stützten, dies auch begleitet von wunderbaren Zeichen. Wir sehen, dass sich Simon vor diesem Zeichen an Jesus wendet, indem er „Meister" (V. 5) zu ihm sagt, während er ihn danach „Herr" (V. 7) nennt. Dies ist die Pädagogik der Berufung durch Gott, der nicht so sehr auf die Qualitäten der Erwählten blickt als vielmehr auf ihren

Glauben, wie jenen des Simon, der spricht: „Wenn du es sagst, werde ich die Netze auswerfen" (V. 5). Das Bild des Fischfangs verweist auf die Sendung der Kirche. Dazu kommentiert der hl. Augustinus: „Zweimal fuhren die Jünger auf Weisung des Herrn aus, um zu fischen: einmal vor der Passion und ein weiteres Mal nach der Auferstehung.

In den beiden Fischfängen ist die ganze Kirche dargestellt: die Kirche, wie sie jetzt ist und wie sie nach der Auferstehung der Toten sein wird.

Der Mensch ist nicht Urheber seiner Berufung, sondern antwortet auf den Vorschlag Gottes.

Jetzt sammelt sie eine unmöglich zu zählende Menge, die Guten und Schlechten eingeschlossen; nach der Auferstehung wird sie allein die Guten umfassen" (*Sermo* 248,1). Die gewiss einzigartige Erfahrung des Petrus steht auch für die Berufung eines jeden Apostels des Evangeliums, der nie den Mut verlieren darf, Christus allen Menschen zu verkündigen, bis an die Grenzen der Erde. Sie ist Werk Gottes. Der Mensch ist nicht Urheber seiner Berufung, sondern antwortet auf den Vorschlag Gottes; und die menschliche Schwäche darf keine Angst machen, wenn Gott ruft. Man muss auf seine Kraft vertrauen, die gerade in unserer Armut wirkt; man muss sein Vertrauen immer mehr in die Macht seines Erbarmens setzen, das verwandelt und erneuert.

Papst Benedikt XVI.: Angelus vom 10. Februar 2013

Wenn der Herr durch unser Leben geht, dann sagt er immer ein Wort zu uns und gibt uns eine Verheißung. Aber er verlangt auch von uns, dass wir auf etwas verzichten und vertraut uns eine Sendung an. Daran erinnerte Papst Franziskus bei der Messe, die er am Donnerstag früh, 5. September, in der Kapelle der Domus Sanctae Marthae feierte. In seiner Auslegung der Geschichte vom „wunderbaren Fischfang", die in einer Passage im *Lukasevangelium* (5,1–11) erzählt wird und die Gegenstand der Schriftlesung war, erinnerte der Papst an den hl. Augustinus, der „einen Satz wiederholt, der mich immer betroffen gemacht hat. Er sagt: Ich fürchte mich davor, dass der Herr vorübergeht. Warum? Weil ich Angst habe, dass er vorbeikommt und ich es womöglich nicht bemerke.

Ich fürchte mich davor, dass der Herr vorübergeht.

Und der Herr geht durch unser Leben, so wie es hier geschehen ist, im Leben des Petrus, des Jakobus, des Johannes." In diesem Fall ist der Herr mit einem Wunder durch das Leben seiner Jünger gegangen. Aber, so machte der Papst klar, „nicht immer geht Jesus mit einem Wunder durch unser Leben". Auch wenn, wie er hinzufügte, „er sich immer bemerkbar macht. Immer. Und wenn der Herr vorbeigeht, dann geschieht immer das, was hier geschehen ist: er sagt etwas zu uns, er lässt uns etwas vernehmen, dann sagt er ein Wort zu uns, das eine Verheißung ist; er verlangt etwas, das zu unserer Art zu leben gehört, er verlangt, dass wir auf etwas verzichten, dass wir uns einer Sache entäußern. Und dann erteilt er uns einen Auftrag."

Diese drei Aspekte von Jesu Durchgang durch unser Leben – er sagt uns „ein Wort, das eine Verheißung ist", er verlangt „den Verzicht auf etwas", er vertraut uns „einen Auftrag" an – sind in der angeführten Stelle bei Lukas gut vertreten. Der Heilige Vater wies vor allem auf die Reaktion des Petrus auf das Wunder Jesu hin: „Simon, der ein

Sanguiniker war, ist zu ihm gegangen: Aber Herr, geh weg von mir; ich bin ein Sünder. Das fühlte er tatsächlich, denn er war so veranlagt. Und was antwortet ihm Jesus darauf? Fürchte dich nicht!"

Habt keine Angst, fürchtet euch nicht.

„Das ist ein schönes Wort, das oft wiederholt wird: Habt keine Angst, fürchtet euch nicht", kommentierte der Papst und fügte hinzu: „Und dann, und das ist die Verheißung, sagt er zu ihm: Von jetzt an wirst du Menschen fangen!" Der Herr sagt uns, wenn er in unser Leben kommt, wenn er in unser Herz kommt, immer ein Wort und gibt uns eine Verheißung: Vorwärts, hab Mut, fürchte dich nicht: Du wirst dieses tun!". Das ist „eine Aufforderung, ihm nachzufolgen". Und „wenn wir diese Einladung vernehmen und sehen, dass es in unserem Leben etwas gibt, das nicht in Ordnung ist, dann müssen wir das korrigieren" und müssen dazu bereit sein, alles, was es auch sei, zu verlassen, ganz großzügig. Selbst dann, präzisierte der Papst, wenn „es in unserem Leben etwas Gutes gibt, fordert uns Jesus dazu auf, es zurückzulassen und ihm aus größerer Nähe nachzufolgen. So wie es den Aposteln widerfahren ist, die alles aufgegeben haben, wie das Evangelium sagt: Und sie zogen die Boote an Land, ließen alles zurück und folgten ihm nach."

Das christliche Leben besteht folglich „immer darin, dem Herrn nachzufolgen". Aber um ihm nachfolgen zu können, muss man zuvor „hören, was er uns sagt"; und darauf muss man „alles verlassen, was wir in diesem Augenblick verlassen müssen, und ihm nachfolgen". Und schließlich ist da dann die Sendung, mit der Jesus uns beauftragt. In der Tat „sagt er nie: Folge mir nach!, ohne dann diesen Auftrag zu erteilen. Er sagt immer: Verlasse alles und folge mir für diesen Auftrag nach". Wenn wir folglich „den Weg Jesu gehen", so erläuterte der Papst, „dann tun wir das, um etwas zu tun. Das ist der Auftrag."

Das ist „eine Reihenfolge, die sich auch dann wiederholt, wenn wir gehen, um zu beten". Tatsächlich betonte der Papst, „dass unser Gebet immer diese drei Augenblicke enthalten muss". Am wichtigsten ist es, das Wort Jesu zu vernehmen, ein Wort, mit dem er uns den Frieden gibt und uns seiner Nähe versichert. Dann kommt der Augenblick unseres Verzichts: wir müssen dazu bereit sein, „etwas zu verlassen: Herr, was willst du, das ich aufgebe, um dir näher zu sein? Vielleicht sagt er uns das nicht gleich. Aber wir stellen die Frage, ganz großzügig". Schließlich kommt der Augenblick der Sendung: das Gebet hilft uns stets, zu verstehen, was wir „tun müssen".

Wir können die Apostel, darum bitten, uns die Gnade zu gewähren, immer zu beten.

Das also ist, kurz gefasst, unser Gebet: „Den Herrn vernehmen, den Mut haben, auf etwas zu verzichten, das uns daran hindert, eilig hinzugehen und ihm nachzufolgen, und schließlich die Annahme der Sendung." Das heißt nun keineswegs, dass man sich nicht Versuchungen stellen muss. Petrus, so erinnerte Papst Franziskus, hat schwer gesündigt, als er Jesus verleugnete. Aber dann hat ihm der Herr vergeben. Jakobus und Johannes haben gesündigt, indem sie Karriere machen wollten. Aber auch ihnen hat der Herr Vergebung gewährt. Es ist also wichtig, so zu beten, dass man diese drei Elemente im Auge behält.

„Wir können", so schloss er, „die Apostel, die diese Dinge aus so großer Nähe erlebt haben, darum bitten, uns die Gnade zu gewähren, immer zu beten, indem wir versuchen, das Wort und die Verheißung Jesu zu vernehmen; den Wunsch zu verspüren, das zu verlassen, was uns daran hindert, Jesus ganz aus der Nähe nachzufolgen; und unser Herz zu öffnen, um seinen Auftrag zu erhalten."

Papst Franziskus: Frühmesse vom 5. September 2013

Die Frage nach dem Fasten (Lk 5,33–39)

Christ sein heißt, die Freude zu verspüren, ganz Christus anzugehören, „dem einzigen Bräutigam der Kirche", und ihm so entgegenzugehen, wie man zu einem Hochzeitsfest geht. Die Freude und das Bewusstsein der Zentralstellung Christi sind also folglich die beiden Verhaltensweisen, welche die Christen im Alltag anwenden müssen. Der Papst erläuterte, was Jesus in seiner Antwort an die Schriftgelehrten verständlich machen will. Er präsentiert sich als Bräutigam: „Er ist der Bräutigam. Die Kirche ist die Braut. Und im Evangelium", so präzisierte der Papst, „kommt dieses Bild immer wieder vor: die klugen Jungfrauen, die den Bräutigam mit brennenden Lampen erwarten; das Fest, das der Vater zur Hochzeit des Sohnes ausrichtet." Mit seiner Antwort an die Schriftgelehrten, so führte der Papst aus, „sagt der Herr, dass man, wenn man der Bräutigam ist, nicht fasten kann, nicht traurig sein kann. Der Herr lässt uns hier sehen, dass das Verhältnis zwischen ihm und der Kirche wie eine Hochzeit ist". „Daraus", so erläuterte er, „leitet sich das tiefgründigste Motiv dafür ab, dass die Kirche das Sakrament der Ehe so sorgsam behütet. Und sie bezeichnet es als großes Sakrament, weil es das genaue Abbild der Verbindung Christi mit der Kirche ist." Folglich spricht man, wenn von einer Hochzeit die Rede ist, „von einem Fest, von der Freude; und das zeigt uns Christen an, welch ein Verhalten an den Tag zu legen ist": Wenn der Christ Jesus Christus findet und beginnt, dem Evangelium gemäß zu leben, dann soll der Christ das fröhlich tun. Fröhlich, „weil es ein großes Fest ist."

Christ sein heißt, die Freude zu verspüren, ganz Christus anzugehören.

Der Christ ist grundsätzlich ein fröhlicher Mensch. Um dieses Bild noch wirksamer auszumalen, erinnerte der Papst an die Geschichte des Wunders Jesu bei der Hochzeit von Kana. „Wo es keinen Wein gibt, da ist auch kein Fest. Stellen wir uns vor", so sagte er, „wir müssten dieses Hochzeitsfest damit beenden, Tee oder Fruchtsaft zu trinken ... Das geht nicht. Und die Muttergottes bittet um das Wunder." Genauso ist das christliche Leben, das sich gerade durch diese „fröhliche, herzensfröhliche Einstellung" auszeichnet.

Natürlich, so fügte der Papst hinzu, „gibt es auch Augenblicke des Kreuzes, Augenblicke des Schmerzes, aber es herrscht doch stets dieses Gefühl eines tiefen Friedens. Weshalb? Weil man das christliche Leben wie ein Fest erlebt, wie die Hochzeit Jesu mit der Kirche." Und an diesem Punkt erinnerte der Heilige Vater daran, dass die ersten christlichen Märtyrer das Martyrium auf sich genommen hätten, als gingen sie zur Hochzeit; auch in jenem Augenblick waren sie freudigen Herzens. „Folglich gleicht", so wiederholte der Papst, „die erste Haltung des

Christen, der Jesus begegnet, derjenigen der Kirche, die sich als Braut mit Christus vermählt." „Und am Ende der Welt", so fügte er hinzu, „wird das endgültige Fest stattfinden, wenn das neue Jerusalem wie eine Braut gekleidet sein wird."

Papst Franziskus: Frühmesse vom 6. September 2013

Die Wahl der Zwölf (Lk 6,12-19)

Papst Franziskus betonte in seiner Auslegung des Abschnitts aus dem Lukasevangelium (6,12–19) diese drei Charakteristika, die „die Persönlichkeit Jesu gut nachzeichnen" und die auch unser „Vertrauen in ihn" begründen: „Wir vertrauen uns ihm an, weil er betet, weil er uns auserwählt hat und weil er uns nahe ist."
Der Papst ging dann näher auf diese „drei Aspekte des Lebens Jesu" ein und sprach zunächst über das Gebet. Der Herr sei Lukas zufolge „auf einen Berg gegangen, um zu beten, und hat die ganze Nacht im Gebet zu Gott verbracht". Daraus folge, dass er „für uns betet. Es scheint ein wenig seltsam", so merkte Franziskus an, „dass er, der gekommen ist, um uns das Heil zu bringen, der die Macht hat", zum Vater bete. Und doch „tut er das oft, er sagt das auch", bekräftigte der Papst, indem er an einen Satz erinnerte, der beim Abendmahl an Petrus gerichtet war: „Ich aber habe für dich gebetet."
Jesus habe für uns gebetet und er bete auch weiterhin „für uns: er ist der Fürsprecher. Auch jetzt, wo er sich

beim Vater im Himmel befindet, besteht seine Arbeit", so bekräftigte der Bischof von Rom, „gerade darin: für uns einzutreten, für uns zu beten. Er ist der große Fürsprecher." Es sei kein Zufall, dass wir, „wenn wir am Beginn der Messe jeden Tag zum Vater beten, am Ende des Gebets zum Vater sagen: ‚Darum bitten wir durch Jesus Christus, unseren Herrn', der dort für uns betet". Gerade deshalb, weil der Sohn in jenem Augenblick vor dem Vater „für uns betet".

„Nicht ihr habt mich erwählt, sondern ich habe euch erwählt." (Joh 15,16)

Es handle sich dabei um eine Wahrheit, die „uns ermutigen soll". Denn in den „schwierigen" Augenblicken „oder in jenen, in denen wir dessen bedürfen", so mahnte Papst Franziskus, müsse man denken: „Aber du betest gerade für mich. Bete für mich. Jesus, bete für mich zum Vater." Im Übrigen, so fügte er hinzu, sei dies „heute seine Arbeit: für uns zu beten, für seine Kirche". Und auch wenn „wir oft vergessen, dass Jesus für uns betet", sei gerade das „unsere Kraft". Die Kraft, „zum Vater sagen" zu können: „›Ja, wenn du, Vater, schon nicht auf uns blickst, so blicke doch auf deinen Sohn, der für uns betet.‹ Jesus betet vom ersten Augenblick an: Er betete, als er noch auf Erden war, und er betet jetzt weiter, für einen jeden von uns, für die gesamte Kirche."

Indem er dann zum zweiten Aspekt überging, der im Evangelium geschildert wird – „Als es Tag wurde, rief er seine Jünger zu sich und wählte aus ihnen zwölf aus" –, machte der Papst darauf aufmerksam, dass „er derjenige war, der die Wahl traf; und er sagt das ganz ausdrücklich: ‚Nicht ihr habt mich erwählt, sondern ich habe euch erwählt.'" Folglich verleihe uns auch diese Verhaltensweise Jesu Mut, da wir eine Gewissheit hätten: „Ich bin erwählt, ich bin vom

Herrn erwählt worden. Er hat mich am Tag meiner Taufe erwählt." Der heilige Paulus sei sich dessen wohl bewusst gewesen, denn hieran habe er gedacht, als er gesagt habe: „Er hat mich schon im Mutterleib auserwählt."
Und warum seien wir als Christen „erwählt worden"? Nach den Worten von Papst Franziskus ist die Liebe Gottes die Antwort. „Die Liebe", so bemerkte er, „schaut nicht, ob jemand ein hässliches oder ein schönes Gesicht hat: sie liebt! Und dasselbe tut Jesus: er liebt und erwählt in Liebe. Und er erwählt jeden." In seiner „Liste" würden nicht Menschen aufgeführt, die „nach den Maßstäben der Welt" wichtig seien. „Es sind ganz einfache Leute." Das einzige gemeinsame Merkmal sei, dass sie „Sünder sind. Jesus hat die Sünder erwählt.

Die Liebe schaut nicht, ob jemand ein hässliches oder ein schönes Gesicht hat: sie liebt!

Er erwählt die Sünder. Und das ist der Vorwurf, den die Gesetzeslehrer, die Schriftgelehrten gegen ihn erheben: ‚Er isst mit Sündern und spricht mit Prostituierten.'" Aber so sei Jesus und folglich „beruft er alle", so fuhr der Bischof von Rom fort, wobei er an das Gleichnis vom königlichen Hochzeitsmahl erinnerte: „Als die Geladenen ausblieben, was tut da der Herr des Hauses? Er schickt seine Diener aus: ‚Geht also hinaus auf die Straßen und ladet alle, die ihr trefft, zur Hochzeit ein... Böse und Gute', so sagt das Evangelium. Jesus hat alle erwählt. Er hat die Sünder erwählt, und deshalb wird er von den Gesetzeslehrern getadelt." Sein Maßstab sei die Liebe, wie von jenem Augenblick an klar sei, „wo wir am Tag unserer Taufe ganz offiziell erwählt worden sind". In dieser Erwählung „ist die Liebe Jesu am Werk". Er, so sagte der Papst, „hat mich angeschaut und hat zu mir gesagt: du!" Im Übrigen genüge es, an die Erwählung des „Judas Iskariot" zu denken, „der zum Verräter wurde, für ihn der größte aller Sünder. Aber er ist von Jesus erwählt worden."

Der dritte Aspekt werde im Evangelium mit den folgenden Worten beschrieben: „Jesus stieg mit ihnen den Berg hinab. In der Ebene blieb er mit einer großen Schar seiner Jünger stehen, und viele Menschen aus ganz Judäa und Jerusalem und dem Küstengebiet von Tyrus und Sidon strömten herbei. Sie alle wollten ihn hören und von ihren Krankheiten geheilt werden. ... Alle Leute versuchten, ihn zu berühren." Im Wesentlichen zeige diese Szene „Jesus, der den Menschen nahe ist. Er ist kein Professor, kein Lehrmeister, kein Mystiker, der sich entfernt und vom Lehrstuhl aus spricht", sondern er sei vielmehr jemand, der „mitten unter den Menschen ist. Er lässt sich berühren; er gestattet es, dass die Menschen ihn um etwas bitten. So ist Jesus: den Menschen nahe."

Jesus ist kein Professor, kein Lehrmeister, kein Mystiker, der sich entfernt und vom Lehrstuhl aus spricht.

Und diese Nähe, so fuhr Papst Franziskus fort, „ist für ihn nichts Neues: er unterstreicht sie durch seine Handlungsweise, aber es handelt sich dabei um etwas, das sich aus Gottes erster Erwählung seines Volkes ableitet. Gott sagt zu seinem Volk: ‚Denkt daran: Welches Volk hat einen Gott, der ihm so nahe ist, wie ich es euch bin?'" Die Nähe Gottes zu seinem Volk, so schloss der Papst, „ist die Nähe Jesu zu den Menschen. Die ganze Menschenmenge versuchte, ihn zu berühren, denn von ihm ging eine Kraft aus, die jedem Heilung brachte. So nah, mitten unter dem Volk."

Papst Franziskus: Frühmesse vom 9. September 2014

Die Feldrede (Lk 6,20–49)

Das Lukasevangelium (*Lk* 6,17) begleitet uns in eine Ebene, wo Jesus zusammen mit den Zwölf stehenbleibt und sich eine Schar seiner Jünger und viele Menschen versammeln, die von überall gekommen sind, um ihn zu hören. In diesem Kontext steht die Verkündigung der „Seligpreisungen" (*Lk* 6,20–26; vgl. *Mt* 5,1–12). Jesus richtet seine Augen auf seine Jünger und sagt: „Selig, ihr Armen... Selig, die ihr jetzt hungert... Selig, die ihr jetzt weint... Selig seid ihr, wenn euch die Menschen... in Verruf bringen" um meinetwillen. Weshalb preist er sie selig? Weil die Gerechtigkeit Gottes dafür sorgen wird, dass sie gesättigt werden, dass sie sich freuen und für jede falsche Anklage entschädigt werden, mit einem Wort: weil er sie von nun an in sein Reich aufnimmt. Die Seligpreisungen gründen in der Tatsache, dass es eine göttliche Gerechtigkeit gibt, die jene erhöht, die zu Unrecht erniedrigt worden sind, und jene erniedrigt, die sich selbst erhöht haben (vgl. *Lk* 14,11). Denn dem viermaligen „Selig seid ihr" lässt der Evangelist Lukas vier Weherufe folgen: „Weh euch, die ihr reich seid... Weh euch, die ihr jetzt satt seid... Weh euch, die ihr jetzt lacht" und „Weh euch, wenn euch alle Menschen loben", denn, so sagt Jesus, die Dinge werden sich umkehren, die Letzten werden die Ersten sein, und die Ersten die Letzten (vgl. *Lk* 13,30).

„Die Letzten werden die Ersten sein, und die Ersten die Letzten." (*Lk* 13,30)

Diese Gerechtigkeit und diese Seligpreisung verwirklichen sich im „Himmelreich" oder im „Reich Gottes", das seine Erfüllung am Ende der Zeiten haben wird, jedoch bereits in der Geschichte gegenwärtig ist. Wo die Armen getröstet und zum Festmahl des Lebens zugelassen werden, dort zeigt sich schon jetzt die Gerechtigkeit Gottes. Dies ist der Auftrag, zu dessen Verwirklichung die Jünger des Herrn auch in der heutigen Gesellschaft berufen sind.

Papst Benedikt XVI.: Angelus vom 14. Februar 2010

Das Evangelium *Lk* 6,27–35 enthält eines der typischsten und stärksten Worte der Predigten Jesu: *„Liebt eure Feinde"* (*Lk* 6,27). Es ist dem Lukasevangelium entnommen, findet sich jedoch auch im Matthäusevangelium (5,44) im Zusammenhang mit der programmatischen Rede, die mit den berühmten „Seligpreisungen" beginnt. Jesus hielt sie in Galiläa am Anfang seines öffentlichen Lebens, gleichsam ein allen vorgelegtes „Manifest", für das er die Zustimmung seiner Jünger verlangt, indem er ihnen in radikalen Begriffen sein Lebensmodell vorschlägt. Was aber ist der Sinn dieses seines Wortes? Warum fordert Jesus, die eigenen Feinde zu lieben, also eine Liebe, die über die menschlichen Fähigkeiten hinausgeht? In Wirklichkeit ist der Vorschlag Christi realistisch, denn er trägt der Tatsache Rechnung, dass es in der Welt *zu viel* Gewalt, *zu viel* Ungerechtigkeit gibt; eine solche Situation kann man nur dann überwinden, wenn ihr ein *Mehr* an Liebe, ein *Mehr* an Güte entgegengesetzt wird. Dieses *„Mehr"* kommt von Gott: Es ist seine Barmherzigkeit, die in Jesus Fleisch geworden ist und die allein in der Welt den Schwerpunkt auf die Seite des Guten verlagern kann, ausgehend von jener kleinen und entscheidenden „Welt“, die das Herz des Menschen ist.

Zu Recht wird dieser Abschnitt aus dem Evangelium als die *Magna Charta* der christlichen Gewaltlosigkeit betrachtet; sie besteht nicht darin, sich dem Bösen zu ergeben – entsprechend einer falschen Interpretation des Wortes „die andere Wange hinhalten“ (vgl. *Lk* 6,29) –, sondern darin, auf das Böse mit dem Guten zu antworten (vgl. *Röm* 12,17–21), um so die Kette der Ungerechtigkeit zu sprengen. So versteht man also, dass Gewaltlosigkeit für die Christen nicht ein rein taktisches Verhalten darstellt, sondern eine Wesensart der Person und die Haltung dessen, der *so sehr von der Liebe Gottes und deren Macht überzeugt* ist, dass er keine Angst davor hat, dem Bösen nur mit den Waffen der Liebe und der Wahrheit entgegenzutreten. Die Feindesliebe bildet den Kern der „christlichen Revolution“, einer Revolution, die nicht auf Strategien wirtschaftlicher und politischer Macht oder der Macht der Medien gründet. Die Revolution der Liebe, einer Liebe, die letztendlich nicht auf menschlichen Ressourcen beruht, sondern ein Geschenk Gottes ist, das man dann erhält, wenn man einzig und vorbehaltlos auf seine barmherzige Güte vertraut. Darin besteht die Neuheit des Evangeliums, die die Welt verändert, ohne Lärm zu machen. Das ist das Heldentum der „Kleinen“, die an die Liebe Gottes glauben und sie auch auf Kosten ihres Lebens verbreiten.

„Liebt eure Feinde!“ (*Lk* 6,27)

Papst Benedikt XVI.: Angelus vom 18. Februar 2007

Der Hauptmann von Kafarnaum (Lk 7,1–10)

Papst Franziskus kommentiert den Abschnitt aus dem Lukasevangelium (7,1–10), wo berichtet wird, wie Jesus den Diener des Hauptmanns von Kafarnaum heilt. Dabei hob er „zwei Haltungen des Regierenden" hervor. Er müsse vor allem „sein Volk lieben. Die jüdischen Ältesten sagen zu Jesus: ‚Er verdient es, dass du seine Bitte erfüllst, denn er liebt unser Volk.' Ein Regierender, der nicht liebt, kann nicht regieren. Er kann bestenfalls ein wenig Ordnung machen, aber er kann nicht regieren." Um die Bedeutung der Liebe zu erklären, die der Regierende seinem Volk schulde, erinnerte der Heilige Vater an das Beispiel von David. Dieser missachte die vom Mosaischen Gesetz vorgegebenen Regeln für die Zählung der Israeliten, um zu unterstreichen, dass das Leben jedes Menschen dem Herrn gehöre (vgl. *Ex* 30,11–12). David aber habe, nachdem er seine Sünde eingesehen habe, alles getan, um die Bestrafung seines Volkes zu verhindern. Und das, weil er, auch wenn er ein Sünder gewesen sei, sein Volk geliebt habe.

„Sprich nur ein Wort, dann muss mein Diener gesund werden." (*Lk* 7,7)

Für Papst Franziskus muss der Regierende auch demütig sein wie der Zenturio oder Hauptmann des Evangeliums, der sich seiner Macht hätte rühmen können, wenn er Jesus gebeten hätte, zu ihm zu kommen. Aber „er war ein demütiger Mann und er sagte zum Herrn: ‚Herr, bemüh dich nicht! Denn ich bin es nicht wert, dass du mein Haus betrittst.' Und demütig fügt er hinzu: „Sprich nur ein Wort, dann muss mein Diener gesund werden. Das sind die beiden Tugenden eines Regierenden, so wie das Wort Gottes es uns darlegt: Liebe zum Volk und Demut.“ Daher müsse sich „jeder Mann und jede Frau, die Regierungsverantwortung übernimmt, diese beiden Fragen stellen: Liebe ich mein Volk, um ihm besser zu dienen? Und bin ich demütig, um die Meinungen der anderen zu hören, um den besten Weg zu wählen?“ Wenn sie sich diese Fragen nicht stellten, so der Papst, dann werde „ihre Regierung nicht gut sein“.

Aber auch die, die regiert werden, müssten ihre Entscheidungen treffen. Was also solle man tun? Nachdem der Papst darauf hingewiesen hatte, dass „wir als Volk sehr viele Regierende haben“, erinnerte er an einen Satz des hl. Paulus aus dem ersten *Timotheusbrief* (2,1–8): „Vor allem fordere ich zu Bitten und Gebeten, zu Fürbitte und Danksagung auf, und zwar für alle Menschen, für die Herrscher und für alle, die Macht ausüben, damit wir in aller Frömmigkeit und Rechtschaffenheit ungestört und ruhig leben können.“

Keiner von uns kann sagen: Aber ich habe damit doch nichts zu tun.

Das bedeute, so führte Papst Franziskus aus, dass „keiner von uns sagen kann: Aber ich habe damit doch nichts zu tun: sie sind doch an der Regierung! Nein, ich bin mit für ihre Regierung verantwortlich und muss mein Bestes dafür geben, dass sie gut regieren, indem ich im Rahmen des mir Möglichen an der Politik mitwirke. Die Politik ist, wie die Soziallehre der Kirche sagt, eine der höchsten Formen der Liebe, da sie dem Gemeinwohl dient. Und ich kann mir da meine Hände nicht in Unschuld waschen: jeder von uns ist dazu verpflichtet, etwas zu tun. Aber wir sind mittlerweile daran gewöhnt, zu denken, dass es genügt, über die, die regieren, nur zu klatschen, schlecht über sie und das, was nicht funktioniert, zu reden."

Ein guter Katholik mischt sich in die Politik ein, indem er sein Bestes tut, damit der, der regiert, auch regieren kann.

Im Hinblick darauf bemerkte der Heilige Vater, dass im Fernsehen und in den Zeitungen vor allem auf die Politiker „eingedroschen" werde: kaum je finde man Bemerkungen der Art: „Dieser Regierungschef hat hier Gutes geleistet; dieser Regierungschef hat diese oder jene Tugend. Er hat hierin geirrt, in diesem und jenem, aber das hier hat er gut gemacht." Dafür spreche man über die Politiker „immer schlecht und man ist immer dagegen. Vielleicht ist der, der regiert, ein Sünder, wie es auch David war. Aber ich muss mitarbeiten, durch meine Meinungsäußerung, durch meine Worte, auch durch meine Korrekturen: ich bin aus dem folgenden Grund nicht damit einverstanden. Wir müssen am Gemeinwohl mitwirken. Mitunter haben wir sagen hören: ein guter Katholik interessiert sich nicht für die Politik.

Aber das ist nicht wahr: ein guter Katholik mischt sich in die Politik ein, indem er sein Bestes tut, damit der, der regiert, auch regieren kann." Was also ist „das Beste, was wir denen bieten" können, die regieren? „Es ist das Gebet", antwortete der Papst, indem er erklärte: „Das ist es, was Paulus sagt: Ein Gebet für den Herrscher und für alle Menschen, die Macht ausüben." Aber „man wird sagen: das ist ein schlechter Mensch, er muss in der Hölle enden. Nein, betet für ihn, betet für sie, damit sie gut regieren können, damit er sein Volk liebt, damit er demütig sei. Ein Christ, der nicht für die

Regierenden betet, ist kein guter Christ. Man muss beten. Und das" – so präzisierte er – „sage nicht ich. Der heilige Paulus sagt dies. Die Regierenden sollen demütig sein und ihr Volk lieben. Das ist die Bedingung. Wir, die wir regiert werden, geben unser Bestes. Vor allem das Gebet."

Papst Franziskus: Frühmesse vom 16. September 2013

Die Auferweckung eines jungen Mannes in Naïn (Lk 7,11–17)

Wie eine Mutter, die uns liebt, die uns verteidigt, die uns die Kraft verleiht, im Kampf gegen das Böse weiterzumachen. Das ist das Bild der Kirche, das Papst Franziskus vorstellt. In seiner Auslegung der Schriftlesung aus dem Lukasevangelium, wo über die Auferweckung des Sohnes der Witwe aus Naïn berichtet wird (7,11–17), beschrieb der Papst, wie Jesus, der die Frau vor dem Leichnam ihres einzigen Sohnes sah, „von großem Mitleid ergriffen wurde". Und er definierte dieses Gefühl Christi als „die Fähigkeit, mit uns mitzuleiden, unserem Leiden nahe zu sein und es sich zu eigen zu machen".
Überdies habe er nur allzu gut gewusst, „was es zu jener Zeit heißen wollte, eine verwitwete Frau zu sein", zu einer Zeit, als verwitwete Mütter, die ihre Kinder großziehen mussten, von der Hilfe und der Großzügigkeit anderer abhängig waren. Das ist der Grund dafür, dass die damaligen Gebote so sehr hierauf bestehen: „Den Witwen und

Waisen helfen, da diese zu jener Zeit die einsamsten und verlassensten Glieder der Gesellschaft waren."

Die Gedanken des Bischofs von Rom schweiften dann zu den anderen Witwen, von denen in der Bibel die Rede ist. Der Herr erweist ihnen eine ganz besondere „Fürsorge, eine ganz besondere Liebe", bis an den Punkt, dass sie „ein Abbild der Kirche" darstellen, „denn", so erläuterte er, „auch die Kirche ist in einem gewissen Sinne Witwe: ihr Bräutigam ist von ihr gegangen und sie geht durch die Geschichte, in der Hoffnung, ihn wiederzufinden, mit ihm zusammenzutreffen. In jenem Augenblick wird sie endgültig seine Braut sein." Aber, so mahnte er, „in der Zwischenzeit ist die Kirche alleine", und der Herr ist unsichtbar für sie: folglich „trägt sie auch gewisse Züge der Witwenschaft".

„Ich befehle dir, steh auf!" (*Lk* 7,14)

Eine erste Konsequenz dieser Witwenschaft besteht darin, dass die Kirche „mutig" wird, wie eine Mutter, „die ihre Kinder verteidigt", gerade so wie jene Witwe des Evangeliums, „die zu einem bestechlichen Richter ging, um ihre Kinder zu verteidigen, und die am Ende gesiegt hat". Denn, so unterstrich der Papst, „unsere Mutter, die Kirche, verfügt über jenen Mut einer Frau, die weiß, dass es ihre Kinder sind und die sie verteidigen und zur Begegnung mit ihrem Bräutigam führen muss".

Aus dem Mut leitet sich dann ein zweites Element ab, die Stärke, wie es andere Witwen bezeugen, die in der Bibel beschrieben werden: Eine von ihnen ist Noomi, die Urgroßmutter des David, „die sich nicht davor fürchtete, allein zurückzubleiben", oder jene makkabäische Witwe mit sieben Söhnen, „die, um Gottes Gesetz nicht abzuschwören, vom Tyrannen in den Märtyrertod geschickt wurden." Bei dieser Frau hat ein Detail Papst Franziskus ganz besonders betroffen gemacht: die Tatsache, dass die Bibel hervorhebt, „dass sie in ihrem Dialekt, in der Muttersprache redete“, gerade so, wie es „unsere Mutter, die Kirche“ tut, die zu uns „in jener Sprache der wahren Rechtgläubigkeit“ spricht, „die wir alle verstehen, in der Sprache des Katechismus, in dieser starken Sprache, die uns stärkt und uns auch die Kraft dazu verleiht, den Kampf gegen das Böse fortzusetzen.“

Unsere Mutter, die Kirche, sie ist eine Kirche, die dann, wenn sie treu ist, zu weinen vermag, sie weint um ihre Kinder und betet.

Der Papst betonte dann, indem er seine Überlegungen zusammenfasste, „die Dimension der Witwenschaft der Kirche, die durch die Geschichte geht in der Hoffnung, ihrem Bräutigam zu begegnen, ihn wiederzufinden“. Im Übrigen, so hob er hervor, „ist unsere Mutter, die Kirche, so beschaffen: sie ist eine Kirche, die dann, wenn sie treu ist, zu weinen vermag, sie weint um ihre Kinder und betet.“ Ja, „wenn die Kirche nicht weint, dann stimmt etwas nicht“; wogegen die Kirche dann gut funktioniert, wenn sie „vorangeht und ihre Kinder großzieht, wenn sie ihnen Kraft einflößt, wenn sie sie bis zum letzten Abschied begleitet, um sie dann den Händen ihres Bräutigams zu überlassen, dem auch sie am Ende wieder begegnen wird.“

Und da der Papst „unsere Mutter, die Kirche, in jener Witwe, die weint“, sieht, muss man sich die Frage stellen, was der Herr zu jener Mutter sagt, um sie zu trösten. Die Antwort ist in Jesu eigenen Worten enthalten, die uns bei Lukas überliefert sind: „Weine nicht!“ Worte, die zu sagen scheinen: weine nicht, denn „ich bin bei dir, ich begleite dich, ich erwarte dich dort, bei der Hochzeit, der letzten Hochzeit, der des Lammes“; höre auf zu weinen, „dieser dein Sohn, der tot war, lebt jetzt“. Und zu diesem selbst, der dritten Person, die in dieser biblischen Geschichte auftritt, sagt der Herr: „Ich befehle dir, junger Mann: Steh auf!" Dem Papst zufolge sind das genau dieselben Worte, die der Herr im Sakrament der Versöhnung an die Menschen richtet, „wenn wir durch die Sünde tot sind und hingehen, um ihn um Vergebung zu bitten."

Der Bericht des Lukas endet mit der Beschreibung des toten jungen Mannes, der sich aufsetzt und zu sprechen beginnt, und mit der Schilderung Jesu, der ihn seiner Mutter zurückgibt. Gerade so, wie er es mit uns tut, darauf wies der Papst hin, „wenn er uns vergibt, wenn er uns das Leben wiedergibt", denn „unsere Versöhnung endet nicht im Dialog" mit dem Priester, der uns die Absolution erteilt, sondern sie wird in dem Augenblick vollendet, „wo er uns unserer Mutter zurückgibt".

Weine nicht, denn ich bin bei dir, ich begleite dich.

Tatsächlich, so schloss er, „gibt es keinen Lebensweg, keine Vergebung, keine Aussöhnung außerhalb der Mutter, der Kirche", weshalb es immer notwendig ist, „den Herrn um die Gnade zu bitten, Vertrauen in diese Mutter zu haben, die uns verteidigt, lehrt und wachsen lässt."

Papst Franziskus: Frühmesse vom 17. September 2013

Die Rückkehr der Jünger und die Speisung der Fünftausend (Lk 9,10–17)

Das Evangelium stellt uns den Bericht vom Wunder der Brotvermehrung vor Augen (*Lk* 9,11–17); ich möchte einen Aspekt näher betrachten, der mich immer beeindruckt und zum Nachdenken führt. Wir befinden uns am Ufer des Sees von Galiläa, der Tag geht zur Neige; Jesus macht sich Sorgen um die Menschen, die seit vielen Stunden bei ihm sind: es sind Tausende, und sie haben Hunger. Was tun? Auch die Jünger stellen sich diese Frage und sagen zu Jesus: „Schick die Menschen weg", damit sie in die umliegenden Dörfer gehen und dort etwas zu essen bekommen. Jesus dagegen sagt: „Gebt ihr ihnen zu essen!" (V. 13). Die Jünger sind bestürzt und antworten: „Wir haben nicht mehr als fünf Brote und zwei Fische", so als sagten sie: kaum das Notwendige für uns selbst.

Jesus spürt unsere Probleme, er spürt unsere Schwächen, er spürt unsere Bedürfnisse.

Jesus weiß gut, was zu tun ist, doch er will seine Jünger mit einbeziehen, er will sie erziehen. Die Haltung der Jünger ist die menschliche Haltung, auf der Suche nach der realistischsten Lösung, die nicht zu viele Probleme bereiten soll: Schick die Menschen weg, sagen sie, jeder soll zurecht kommen, wie er kann, im Übrigen hast du ja schon so viel für sie getan: du hast gepredigt, du hast die Kranken geheilt. Schick die Leute weg!
Die Haltung Jesu ist vollkommen anders, und sie ist von seiner Einheit mit dem Vater und vom Mitleid mit den Menschen bestimmt, von jenem Erbarmen Jesu uns allen gegenüber: Jesus spürt unsere Probleme, er spürt

unsere Schwächen, er spürt unsere Bedürfnisse. Angesichts dieser fünf Brote denkt Jesus: Das ist die Vorsehung! Aus diesem Wenigen kann Gott das Notwendige für alle erwirken. Jesus vertraut ganz dem himmlischen Vater, er weiß, dass für ihn alles möglich ist. Deshalb sagt er den Jüngern, die Leute in Gruppen von fünfzig zusammensetzen zu lassen – das ist nicht zufällig: denn es bedeutet, dass sie keine Menge mehr sind, sondern Gemeinschaften werden, gespeist vom Brot Gottes. Dann nimmt er jene Brote und die Fische, blickt zum Himmel auf, segnet sie – der Bezug auf die Eucharistie ist eindeutig – und bricht sie dann, um sie den Jüngern zu geben, damit sie diese an die Menschen austeilen... und die Brote und die Fische gehen nicht zu Ende, sie gehen nicht aus! Das ist das Wunder; mehr als um eine Brotvermehrung handelt es sich um ein Teilen, beseelt vom Glauben und vom Gebet. Alle aßen und es blieb etwas übrig: das ist das Zeichen Jesu, Brot Gottes für die Menschheit.

Jeder Christ und die Gemeinschaft der Gläubigen als Ganzes sind zur stetigen Änderung aufgerufen.

Die Jünger sahen, doch sie erfassten die Botschaft nicht recht. Sie wurden wie die Menge von der Begeisterung über den Erfolg erfasst. Erneut folgten sie der menschlichen Logik und nicht jener Gottes, der Logik des Dienens, der Liebe, des Glaubens. Das Fest Fronleichnam fordert uns auf, uns zum Glauben an die Vorsehung zu bekehren, es zu verstehen, das Wenige, was wir sind und haben, zu teilen und uns niemals in uns selbst zu verschließen.

Papst Franziskus: Angelus vom 2. Juni 2013

Von Nachfolge und Selbstverleugnung (Lk 9,23–24)

Im Evangelium [...] fragt der Herr seine Jünger: „Ihr aber, für wen haltet ihr mich?“ (*Lk* 9,20). Auf diese Frage antwortet der Apostel Petrus ohne Zögern: „Für den Messias Gottes“ (vgl. ebd.); so entkräftete er alle weltlichen Meinungen, die Jesus für einen der Propheten hielten. Für den hl. Ambrosius hat Petrus mit diesem Bekenntnis „alles zusammengefasst, indem er sowohl die Natur wie den Namen [des Messias] zum Ausdruck brachte“ (*Exp. in Lucam* VI, 93, CCL 14,207). Und angesichts dieses Glaubensbekenntnisses richtet Jesus an Petrus und an die anderen Jünger erneut die Einladung, ihm auf dem anspruchsvollen Weg der Liebe bis zum Kreuz zu folgen. Auch uns allen, die wir den Herrn durch den Glauben an sein Wort und die Sakramente kennen können, macht Jesus den Vorschlag, ihm jeden Tag nachzufolgen, und auch uns ruft er in Erinnerung, dass es, um seine Jünger zu sein, notwendig ist, uns die Kraft seines Kreuzes anzueignen, Höhepunkt unserer Güter und Krone unserer Hoffnung.

„Wer mein Jünger sein will, der verleugne sich selbst, nehme täglich sein Kreuz auf sich und folge mir nach.“ (*Lk* 9,23)

Der hl. Maximus Confessor stellt fest, dass „das Kennzeichen der Kraft unseres Herrn Jesus Christus das Kreuz ist, das er auf den Schultern getragen hat“ (*Ambiguum* 32, *PG* 91, 1284 C). Denn „zu allen sagte er: Wer mein Jünger sein will, der verleugne sich selbst, nehme täglich sein Kreuz auf sich und folge mir nach“ (*Lk* 9,23). Das Kreuz auf sich nehmen heißt, sich dafür einzusetzen, die Sünde zu bezwingen, die den Weg zu Gott behindert, täglich den Willen des Herrn anzunehmen, den Glauben vor allem angesichts der Probleme, der Schwierigkeiten, des Leidens wachsen zu lassen.

Der Herr gebe es einem jeden von uns, immer unsere feste Hoffnung auf ihn zu setzen.

Die heilige Karmelitin Edith Stein hat uns dies in einer Zeit der Verfolgung bezeugt. So schrieb sie aus dem Karmel von Köln im Jahr 1938: „Heute verstehe ich..., was es heißt, Braut des Herrn im Zeichen des Kreuzes zu sein, obwohl dies nie ganz begriffen werden kann, da es ein Geheimnis ist... Je dunkler es hier um uns wird, desto mehr müssen wir unser Herz öffnen für das Licht von oben" (*ESGA* 3,338f.). Auch in der heutigen Zeit gibt es viele Christen auf der Welt, die von der Liebe zu Gott beseelt sind und daher jeden Tag das Kreuz auf sich nehmen, sowohl das der täglichen Prüfungen als auch jenes, das durch die menschliche Grausamkeit verursacht wird, die bisweilen den Mut zum äußersten Opfer erfordert. Der Herr gebe es einem jeden von uns, immer unsere feste Hoffnung auf ihn zu setzen, im Bewusstsein, dass wir, wenn wir ihm nachfolgen und unser Kreuz tragen, mit ihm zum Licht der Auferstehung gelangen werden.

Papst Benedikt XVI.: Angelus vom 20. Juni 2010

Im Evangelium [...] erklingt eines der deutlichsten Worte Jesu: „Wer sein Leben retten will, wird es verlieren; wer aber sein Leben um meinetwillen verliert, der wird es retten" (*Lk* 9,24).

Das ist eine Zusammenfassung der Botschaft Christi, und sie wird durch ein sehr einprägsames Paradox zum

Ausdruck gebracht, das uns mit seiner Redensweise vertraut macht, fast lässt es uns seine Stimme hören... Was aber bedeutet es, „sein Leben um Jesu willen zu verlieren"? Dazu kann es auf zweifache Weise kommen: indem man explizit den Glauben bekennt oder implizit die Wahrheit verteidigt. Die Märtyrer sind das höchste Beispiel dafür, sein Leben um Christi willen zu verlieren. In zweitausend Jahren gab es eine immense Schar von Männern und Frauen, die das Leben geopfert haben, um Jesus Christus und seinem Evangelium treu zu bleiben. Und heute gibt es viele, ganz viele in zahlreichen Teilen der Welt – mehr als in den ersten Jahrhunderten – viele Märtyrer, die ihr Leben für Christus hingeben, die den Tod auf sich nehmen, um Jesus Christus nicht zu verleugnen. Das ist unsere Kirche. Heute haben wir mehr Märtyrer als in den ersten Jahrhunderten! Doch es gibt da auch das alltägliche Martyrium, das nicht den Tod mit sich bringt, doch auch ein „Verlieren des Lebens" für Christus ist, indem man seine Pflicht mit Liebe tut, entsprechend der Logik Jesu, der Logik des Geschenks, des Opfers. Denken wir daran: Wie viele Väter und Mütter setzen jeden Tag ihren Glauben in die Praxis um und opfern konkret ihr Leben für das Wohl der Familie auf! Denken wir an sie! Wie viele Priester, Ordensmänner, Schwestern, leisten großherzig ihren Dienst für das Reich Gottes! Wie viele junge Menschen verzichten auf ihre eigenen Interessen, um sich Kindern, Behinderten, alten Menschen zu widmen... Auch sie sind Märtyrer! Alltägliche Märtyrer, Märtyrer des Alltags!

„Wer sein Leben retten will, wird es verlieren; wer aber sein Leben um meinetwillen verliert, der wird es retten." (*Lk* 9,24)

Und dann gibt es viele Menschen, Christen und Nichtchristen, die „ihr Leben" für die Wahrheit „verlieren".

Und Christus hat gesagt: „Ich bin die Wahrheit", wer somit der Wahrheit dient, dient Christus. Einer dieser Menschen, der das Leben für die Wahrheit hingegeben hat, ist Johannes der Täufer: Johannes wurde von Gott erwählt, um Christus den Weg zu bereiten, und er hat ihn dem Volk Israel als den Messias gezeigt, das Lamm Gottes, das die Sünde der Welt hinwegnimmt (vgl *Joh* 1,29). Johannes hat sich ganz Gott und dem, den er gesandt hat, Jesus, geweiht. Doch was ist am Ende geschehen? Er ist um der Wahrheit willen gestorben, als er den Ehebruch von König Herodes und Herodias anprangerte. Wie viele Menschen zahlen einen hohen Preis für den Einsatz für die Wahrheit! Wie viele aufrechte Menschen ziehen es vor, gegen den Strom zu schwimmen, nur um nicht die Stimme des Gewissens zu verleugnen, die Stimme der Wahrheit! Aufrechte Menschen, die keine Angst haben, gegen den Strom zu schwimmen! Und wir, wir dürfen keine Angst haben!

Wie viele Menschen zahlen einen hohen Preis für den Einsatz für die Wahrheit!

Papst Franziskus: Angelus vom 23. Juni 2013

Die Verklärung Jesu (Lk 9,28–36)

Lukas spricht nicht von Verklärung, sondern beschreibt das Geschehene anhand zweier Elemente: das Antlitz Jesu, das sein Aussehen verändert, und sein Gewand, das leuchtend weiß wird, was in Gegenwart von Mose und Elija geschieht, Symbol des Gesetzes und der Propheten. Die drei Jünger, die bei diesem Geschehen anwesend sind, waren schläfrig: das ist die Haltung dessen, der, obwohl er Augenzeuge der göttlichen Wundertaten wird, nicht begreift. Nur der Kampf gegen die sie befallende Schläfrigkeit gestattet es Petrus, Jakobus und Johannes, die Herrlichkeit Jesu zu „sehen". Jetzt überstürzen sich die Dinge: Während Mose und Elija sich vom Meister trennen, spricht Petrus, und während er noch redet, wirft eine Wolke ihren Schatten auf ihn und die anderen Jünger; es ist eine Wolke, die in dem Augenblick, da sie ihren Schatten wirft, die Herrlichkeit Gottes offenbart, wie es für das umherziehende Volk in der Wüste geschah. Die Augen vermögen nicht mehr zu sehen, die Ohren aber können die Stimme hören, die aus der Wolke ruft: „Das ist mein auserwählter Sohn, auf ihn sollt ihr hören" (V. 35).

„Das ist mein auserwählter Sohn, auf ihn sollt ihr hören." (*Lk* 9,35)

Die Jünger stehen nicht mehr vor einem verklärten Antlitz oder einem leuchtend weißen Gewand oder einer Wolke, die die göttliche Gegenwart offenbart. Vor ihren Augen steht „Jesus wieder allein" (V. 36). Jesus ist allein vor seinem Vater, während er betet, gleichzeitig aber ist Jesus, der „allein" ist, alles, was den Jüngern und der Kirche aller Zeiten gegeben ist: Er ist das, was für den Weg reichen muss. Er ist die einzige Stimme, der Gehör zu schenken ist, der einzige, dem man nachfolgen muss, er, der nach Jerusalem hinaufsteigen, dann sein Leben hingeben und eines Tages „unseren armseligen Leib verwandeln wird in die Gestalt seines verherrlichten Leibes" (*Phil* 3,21).

„Meister, es ist gut, dass wir hier sind" (*Lk* 9,33): das sind die begeisterten Worte des Petrus, die oft unserer Sehnsucht nach den Tröstungen des Herrn ähneln. Doch die Verklärung ruft uns in Erinnerung, dass die von Gott im Leben gesäten Freuden kein Ankunftspunkt, sondern Lichter sind, die er uns auf der irdischen Pilgerreise schenkt, damit „allein Jesus“ unser Gesetz und sein Wort das Kriterium sei, das unser Dasein führt.

Papst Benedikt XVI.: Angelus vom 28. Februar 2010

„Meister, es ist gut, dass wir hier sind.“ (*Lk* 9,33)

Der Evangelist Lukas betont besonders die Tatsache, dass Jesus verklärt wurde, während er betete: seine Erfahrung ist die einer tiefen Erfahrung der Beziehung zum Vater während einer Art geistlicher Einkehr, die Jesus auf einem hohen Berg in der Begleitung von Petrus, Jakobus und Johannes verbringt, der drei Jünger, die in den Augenblicken des göttlichen Offenbarwerdens des Meisters immer zugegen sind (*Lk* 5,10; 8,51; 9,28). Der Herr, der kurz zuvor seinen Tod und seine Auferstehung angekündigt hatte (9,22), schenkt den Jüngern eine Vorwegnahme seiner Herrlichkeit. Und auch bei der Verklärung erklingt wie bei der Taufe die Stimme des himmlischen Vaters: „Das ist mein auserwählter Sohn, auf ihn sollt ihr hören!“ (9,35). Dazu ist die Gegenwart von Mose und Elija, die das Gesetz und die Propheten des Alten Bundes repräsentieren, sehr bedeutsam: die ganze Geschichte des Bundes ist auf ihn ausgerichtet, auf den Messias, der einen neuen „Exodus“ vollbringt (9,31), nicht zum verheißenen Land wie zur Zeit des Mose, sondern hin zum Himmel.

Das Wort des Petrus: „Meister, es ist gut, dass wir hier sind“ (9,33), stellt den unmöglichen Versuch dar, diese mystische Erfahrung festzuhalten. Der hl. Augustinus erklärt dazu: „[Petrus] ... hatte auf dem Berg ... Christus als Speise der Seele. Warum hätte er herabsteigen sollen, um zu den Mühen und Schmerzen zurückzukehren, während er dort oben voller Gefühle heiliger Liebe zu Gott war, die ihn daher zu einem heiligen Lebenswandel inspirierten?" (*Sermo* 78,3: PL 38,491).

Wenn wir diesen Abschnitt aus dem Evangelium betrachten, können wir daraus eine sehr wichtige Lehre entnehmen. Vor allem den Primat des Gebets, ohne dass jeder Einsatz im Apostolat und in der Nächstenliebe auf Aktivismus reduziert werden würde. Das Gebet bedeutet nicht, sich von der Welt und ihren Widersprüchen abzusondern, wie dies Petrus auf dem Tabor gern getan hätte, sondern das Gebet führt zurück auf den Weg, zurück zum Handeln. „Das christliche Leben besteht darin, den Berg der Begegnung mit Gott immer wieder hinaufzusteigen, um dann, bereichert durch die Liebe und die Kraft, die sie uns schenkt, wieder hinabzusteigen und unseren Brüdern und Schwestern mit der gleichen Liebe Gottes zu dienen".

Ich fühle, wie dieses Wort Gottes in diesem Augenblick meines Lebens besonders an mich ergeht. Der Herr ruft mich, den „Berg hinaufzusteigen", mich noch mehr dem Gebet und der Betrachtung zu widmen. Doch dies bedeutet nicht, dass ich die Kirche im Stich lasse, im Gegenteil. Wenn Gott dies von mir fordert, so gerade deshalb, damit ich fortfahren kann, ihr zu dienen, mit derselben Hingabe und mit derselben Liebe, wie ich es bis bislang versucht habe, doch auf eine Weise, die meinem Alter und meinen Kräften angemessener ist.

Papst Benedikt XVI.: Angelus vom 24. Februar 2013
(Letzter Angelus von Papst Benedikt XVI.)

Auf dem Weg nach Jerusalem (Lk 9,51–19,27)

Von der Nachfolge (Lk 9,57–62)

Der Evangelist Lukas erzählt, dass Jesus, „als die Zeit herankam, in der er (in den Himmel) aufgenommen werden sollte, (sich) entschloss, nach Jerusalem zu gehen" (*Lk* 9,51). Im Ausdruck *„er entschloss sich"* können wir die Freiheit Christi erkennen. Er weiß nämlich, dass ihn in Jerusalem der Kreuzestod erwartet, aber im Gehorsam gegenüber dem Willen des Vaters opfert er sich selbst aus Liebe. In diesem Gehorsam dem Vater gegenüber verwirklicht Jesus seine Freiheit als bewusste Entscheidung, die ihren Grund in der Liebe hat. Wer ist freier als Er, der der Allmächtige ist? Er aber hat seine Freiheit nicht als Willkür oder als Herrschaft gelebt. Er hat sie als Dienst gelebt. Auf diese Weise hat er die Freiheit, die sonst „leere" Möglichkeit bliebe, etwas zu tun oder zu lassen, mit Inhalt „gefüllt". Wie das Leben des Menschen selbst schöpft auch die Freiheit Sinn aus der Liebe. Denn: Wer ist freier? Der, der sich alle Möglichkeiten vorbehält aus Angst, sie zu verlieren, oder jener, der sich „entschlossen" im Dienst müht und sich so voller Leben wiederfindet durch die Liebe, die er geschenkt und empfangen hat?

Der Apostel Paulus sagt in seinem Brief an die Christen von Galatien in der heutigen Türkei: „Ihr seid zur Freiheit berufen, Brüder. Nur nehmt die Freiheit nicht zum Vorwand für das Fleisch, sondern dient einander in Liebe!" (*Gal* 5,13). Nach dem Fleisch leben heißt, der egoistischen Neigung der menschlichen Natur zu folgen. Dagegen bedeutet ein Leben nach dem Geist, sich in den Absichten und Werken von der Liebe Gottes leiten zu lassen, die uns Christus geschenkt hat. Die christliche Freiheit ist also alles andere als Willkür; sie ist Nachfolge Christi in der Selbsthingabe bis hin zum Kreuzesopfer. Es mag paradox anmuten, aber den Höhepunkt seiner Freiheit hat der Herr auf dem Kreuz gelebt, als Gipfel der Liebe. Als sie auf Golgota zu ihm schrien: „Wenn du der Sohn Gottes bist, so steig herab vom Kreuz!", zeigte er seine Freiheit als Sohn gerade dadurch, dass er an jenem Hinrichtungsort blieb, um bis ins letzte den barmherzigen Willen des Vaters zu vollbringen. Diese Erfahrung haben viele andere Zeugen der Wahrheit gemeinsam geteilt: Männer und Frauen, die gezeigt haben, dass sie auch in einer Gefängniszelle und unter Androhung von Folter frei bleiben. „Die Wahrheit wird euch frei machen." Wer der Wahrheit gehört, wird niemals Knecht welcher Macht auch immer sein, sondern er wird es verstehen, immer in Freiheit Diener der Brüder zu sein.

Die Wahrheit wird euch frei machen.

Papst Benedikt XVI.: Angelus vom 1. Juli 2007

Das Evangelium *Lk* 9,51.62 zeigt einen sehr wichtigen Abschnitt im Leben Christi: den Augenblick, in dem – wie der hl. Lukas schreibt – „Jesus sich entschloss, nach Jerusalem zu gehen" (*Lk* 9,51). Jerusalem ist das endgültige

Ziel, wo Jesus bei seinem letzten Pascha sterben und auferstehen und so seine Sendung des Heils zur Erfüllung bringen muss.

Jesus erzwingt niemals etwas, Jesus ist demütig, Jesus lädt ein. Wenn du willst, dann komm.

Von jenem Augenblick an, nach jenem „festen Entschluss" geht Jesus geradewegs auf das Ziel zu und erklärt auch den Menschen, denen er begegnet und die ihn bitten, ihm nachzufolgen, deutlich, was seine Bedingungen sind: keinen festen Wohnsitz haben; sich von den menschlichen Banden der Zuneigung lösen können; nicht der Nostalgie nach Vergangenem nachgeben. Doch Jesus sagt auch zu seinen Jüngern, die den Auftrag haben, ihm auf dem Weg nach Jerusalem voranzugehen, um sein Kommen anzukündigen, dass sie nichts aufbürden sollen: wo sie keine Bereitschaft finden, ihn aufzunehmen, sollen sie weitergehen, vorangehen. Jesus erzwingt niemals etwas, Jesus ist demütig, Jesus lädt ein. Wenn du willst, dann komm. Die Demut Jesu ist so: er lädt immer ein, er zwingt zu nichts.

All dies regt uns zum Nachdenken an. Zum Beispiel zeigt es uns, wie wichtig auch für Jesus das Gewissen war: in seinem Herzen auf die Stimme des Vaters zu hören und ihr zu folgen. In seinem irdischen Leben war Jesus nicht sozusagen „ferngesteuert": er war das fleischgewordene Wort, der menschgewordene Sohn Gottes, und an einem gewissen Punkt fasste er den festen Entschluss, ein letztes Mal nach Jerusalem hinaufzusteigen; einen Entschluss, den er in seinem Gewissen fasste, aber nicht allein: zusammen mit dem Vater, in voller Einheit mit ihm! Er hat in Gehorsam gegenüber dem Vater entschieden, in tiefem, innigem Hören auf seinen Willen. Und deshalb handelte es sich um einen festen Entschluss, da er ge-

meinsam mit dem Vater gefasst wurde. Und im Vater fand Jesus die Kraft und das Licht für seinen Weg.
Und Jesus war frei, bei jener Entscheidung war er frei. Jesus will uns Christen frei, wie er es war, mit jener Freiheit, die diesem Dialog mit dem Vater entspringt, diesem Dialog mit Gott. Jesus will weder egoistische Christen, die dem eigenen Ich folgen, nicht mit Gott sprechen; noch schwache Christen, Christen, die keinen Willen haben, „ferngesteuerte Christen", die unfähig sind zur Kreativität, die immer versuchen, sich an den Willen eines anderen zu binden und nicht frei sind. Jesus will uns frei – und wo verwirklicht man diese Freiheit? Man verwirklicht sie im eigenen Gewissen im Dialog mit Gott. Wenn ein Christ nicht mit Gott zu sprechen weiß, dann kann er Gott nicht im Gewissen spüren, er ist nicht frei, er ist nicht frei.

Jesus will uns Christen frei, wie er es war, mit jener Freiheit, die diesem Dialog mit dem Vater entspringt, diesem Dialog mit Gott.

Daher müssen wir lernen, mehr auf unser Gewissen zu hören. Doch Vorsicht! Das bedeutet nicht, dem eigenen Ich zu folgen, das zu tun, was mich interessiert, was für mich von Vorteil ist, was mir gefällt ... Darum geht es nicht! Das Gewissen ist der innere Ort, wo wir auf die Wahrheit hören, auf das Gute, auf Gott; es ist der innere Ort meiner Beziehung mit ihm, der zu meinem Herzen spricht und mir dabei hilft, zu unterscheiden, den Weg zu verstehen, den ich einschlagen muss, und wenn der Entschluss einmal gefasst ist, vorwärtszugehen, treu zu bleiben.
Wir haben ein wunderbares Beispiel dafür gehabt, wie diese Beziehung mit Gott im Gewissen ist, ein wunderbares Beispiel aus der jüngsten Zeit. Papst Benedikt XVI. hat uns

> Das Gewissen ist der innere Ort, wo wir auf die Wahrheit hören, auf Gott.

dieses große Beispiel gegeben, als ihn der Herr im Gebet hat verstehen lassen, welchen Schritt er tun musste. Er ist mit großem Sinn für Unterscheidung und mutig seinem Gewissen gefolgt, also dem Willen Gottes, der zu seinem Herzen sprach. Und dieses Beispiel unseres Vaters tut uns allen so gut, als Beispiel, dem es zu folgen gilt.

Die Gottesmutter hörte und betrachtete in ihrem Innersten mit großer Einfachheit das Wort Gottes und das, was Jesus widerfuhr. Sie folgte ihrem Sohn mit innigster Überzeugung, mit fester Hoffnung.

Papst Franziskus: Angelus vom 30. Juni 2013

Die Seligpreisung der Jünger (Lk 10,23–24)

Der Evangelientext aus Lukas 10,21-24 sagt uns, „dass Jesus, vom Heiligen Geist erfüllt, voll Freude den Vater gepriesen“ habe. Im Übrigen „ist dies das Innenleben Jesu: seine Beziehung zum Vater, eine Beziehung, die aus Lobpreis besteht, vom Heiligen Geist erfüllt, gerade vom Heiligen Geist, der diese Beziehung eint“. Und das sei „das Geheimnis von Jesu Innenleben, das, was er fühlte“. In der Tat, so fuhr Franziskus fort, erkläre Jesus, „dass die, die ihn sehen, den Vater sehen“. Wörtlich sage er: „Ja, Vater, so hat es dir gefallen.“ Und „niemand weiß, wer der Sohn ist, nur der Vater. Und niemand weiß, wer der Vater ist, nur der Sohn und der, dem es der Sohn offenbaren will.“

„Den Vater“, so unterstrich der Papst, „kennt nur der Sohn: Jesus weiß, wer der Vater ist.“ „Als Philippus zu Jesus ging und sagte: ‚Herr, zeig uns den Vater‘, hat der Herr ihm geantwortet: ‚Philippus, wer mich gesehen hat, hat den Vater gesehen.‘“ Tatsächlich „besteht eine tiefe Einheit zwischen ihnen: er ist das Bild des Vaters; er ist die Nähe der Zärtlichkeit des Vaters uns gegenüber.“ Und „in Jesus nähert sich uns der Vater“.

Franziskus erinnerte daran, dass Jesus „in der Abschiedsrede beim Abendmahl“ mehrfach gesagt habe: „Vater, bewahre sie in deinem Namen, ... damit sie eins sind wie wir.“ Und „er verheißt den Heiligen Geist, weil es gerade der Heilige Geist ist, der diese Einheit bewirkt, so wie er dies zwischen dem Vater und dem Sohn tut.“ Und „Jesus wird im Heiligen Geist von Freude erfüllt“. „Das dient ein wenig dazu, sich diesem Geheimnis Jesu zu nähern“, erläuterte der Papst. Aber „dieses Geheimnis ist nicht nur zwischen ihnen geblieben, es ist uns offenbart worden.“ Der Vater sei also „durch Jesus offenbart worden: Er bringt uns Kenntnis vom Vater; er offenbart uns sein Innenleben.“ Und „wem offenbart der Vater das, wem schenkt er diese Gnade?“, fragte der Papst. Die Antwort, die Jesus selbst gebe, wie Lukas in seinem Evangelium berichte, laute: „Ich preise dich, Vater, Herr des Himmels und der Erde, weil du all das den Weisen und Klugen verborgen, den Unmündigen aber offenbart hast.“ Daher „sind nur jene Menschen, die Herzen haben wie die Unmündigen, dazu imstande, diese Offenbarung zu empfangen“: nur „das demütige, sanftmütige Herz, das das Bedürfnis verspürt, zu beten, sich für Gott zu öffnen, das sich arm fühlt“. Mit einem Wort, „nur die, die die erste Seligpreisung leben: diejenigen, die arm sind vor Gott.“

Gewiss, so räumte der Papst ein, „können viele die Wissenschaft kennen und auch die Theologie". Aber „wenn sie diese Theologie nicht kniend, also demütig wie die Kleinen, betreiben, dann werden sie nichts verstehen". Vielleicht „sagen sie uns viele Dinge, aber sie werden nichts verstehen". Denn „nur diese Armut ist in der Lage, die Offenbarung zu empfangen, die der Vater durch Jesus schenkt". Und „Jesus kommt nicht wie ein Hauptmann daher, wie der General eines Heeres, wie ein mächtiger Gouverneur", sondern „er kommt wie ein Reis", so das Bild aus der ersten Lesung, die dem Buch des Propheten Jesaja (11,1–19) entnommen war: „Doch aus dem Baumstumpf Isais wächst ein Reis hervor." Also „ist er ein Reis, er ist demütig, er ist sanftmütig, und er ist für die Demütigen, für die Sanftmütigen gekommen, um den Kranken, den Armen, den Unterdrückten das Heil zu bringen, wie er selbst im 4. Kapitel bei Lukas sagt, als er in der Synagoge von Nazaret ist." Und Jesus sei gerade „für die ausgegrenzten Menschen" gekommen: „er wird ein Ausgegrenzter, er hält es nicht für einen unverhandelbaren Wert, Gott gleich zu sein." Tatsächlich, so der Papst, „demütigte er sich selbst, er erniedrigte sich zutiefst". Er „wurde zu einem Ausgegrenzten, er demütigte sich", um „uns das Geheimnis des Vaters und sein eigenes Geheimnis zu bringen".

„Ich preise dich, Vater, weil du all das den Weisen und Klugen verborgen, den Unmündigen aber offenbart hast." (vgl. *Lk* 10,21)

Der Papst bekräftigte, dass „man diese Offenbarung nicht anders, auf eine andere Art als jene empfangen kann, in der Jesus sie bringt: in Demut, indem man sich selbst erniedrigt." Man dürfe nie vergessen, dass „das Wort Fleisch geworden ist, dass es sich ausgegrenzt hat, um den Ausgegrenzten das Heil zu bringen". Und „als der große Johannes der Täufer im Kerker nicht so ganz verstand, wie es um Jesus stand, weil er etwas ratlos war, da schickte er seine Jünger aus, um die Frage zu stellen: ‚Johannes lässt dich fragen: Bist du der, der kommen soll, oder müssen wir auf einen anderen warten?'" Jesus antworte auf die Frage des Johannes keineswegs: „Ich bin der Sohn." Vielmehr sage er: „Geht und berichtet Johannes, was ihr hört und seht", und zwar, dass „die Aussätzigen rein werden, den Armen das Evangelium verkündet wird und die Ausgegrenzten gefunden werden".

Wenn sie diese Theologie nicht kniend, also demütig wie die Kleinen, betreiben, dann werden sie nichts verstehen.

Franziskus zufolge sei es eindeutig, dass „man die Größe des Geheimnisses Gottes nur auf dem Weg über das Geheimnis Jesu erkennen kann, und das Geheimnis Jesu ist gerade das Geheimnis des sich Demütigens, des sich völlig Erniedrigens, der Demütigung, und es bringt den Armen Erlösung, jenen, die durch unzählige Krankheiten, Sünden und schwierige Umstände zutiefst erniedrigt wurden." „Man kann", so bekräftigte der Papst, „das Geheimnis Jesu nicht verstehen außerhalb dieses Rahmens, sonst kann man diese Salbung des Heiligen Geistes nicht verstehen, die Jesus vor Freude in den Lobpreis des Vaters ausbrechen lässt den Brüdern und Schwestern und die ihn dazu führt, den Armen und Ausgegrenzten das Evangelium zu bringen."

Papst Franziskus: Frühmesse vom 2. Dezember 2014

Das Beispiel vom barmherzigen Samariter (Lk 10,25–37)

[Ein Gesetzeslehrer richtet an Jesus die Frage]: „Meister, was muss ich tun, um das ewige Leben zu gewinnen?" (*Lk* 10,25). Da der Herr weiß, dass jener Mann in der Heiligen Schrift wohl erfahren ist, fordert er ihn auf, selbst eine Antwort zu geben, welche er in der Tat perfekt formuliert, indem er die beiden Hauptgebote anführt: Gott mit ganzem Herzen und ganzer Seele, mit aller Kraft und allen Gedanken lieben, und den Nächsten lieben wie sich selbst. So fragt der Gesetzeslehrer, gleichsam um sich zu rechtfertigen: „Und wer ist mein Nächster?" (*Lk* 10,29). Dieses Mal antwortet Jesus mit dem berühmten Gleichnis vom „barmherzigen Samariter" (vgl. *Lk* 10,30–37), um zu zeigen, dass es an uns liegt, zum „Nächsten" eines jeden Hilfsbedürftigen zu werden. Der Samariter nämlich nimmt sich [...] eines Unbekannten an, den die Räuber halb tot an der Straße liegen ließen; ein Priester und ein Levit hingegen waren weitergegangen, da sie vielleicht gedacht hatten, dass sie aufgrund eines Gebots durch die Berührung mit Blut unrein geworden wären. Das Gleichnis muss uns daher dazu veranlassen, unser Denken entsprechend der Logik Christi umzuformen, welche die Logik der Liebe ist: Gott ist Liebe, und ihm zu huldigen heißt, den Brüdern und Schwestern mit aufrichtiger und großherziger Liebe zu dienen.
Diese Erzählung aus dem Evangelium bietet den „Maßstab", das heißt „die Universalität der Liebe, die sich dem Bedürftigen zuwendet, dem man ‚zufällig' (vgl. *Lk* 10,31) begegnet, wer immer er auch sei" (Deus caritas est, 25).

Neben dieser universalen Regel ist auch ein spezifisch kirchlicher Auftrag gegeben: dass „in der Kirche selbst als einer Familie kein Kind Not leiden darf“ (ebd.). Das der Lehre Jesu entnommene Programm des Christen ist das „sehende Herz“, das sieht, wo Liebe nottut, und danach handelt (vgl. ebd., 31). [...]

Gott ist Liebe, und ihm zu huldigen heißt, den Brüdern und Schwestern mit aufrichtiger und großherziger Liebe zu dienen.

Christsein heißt, den Worten und dem Beispiel Jesu treu zu bleiben, vor allem durch ein Leben der Gottes- und Nächstenliebe. Der Herr schenke uns Gnade und Mut, auf dass wir stets wie barmherzige Samariter großherzig den Nöten all derer entsprechen, die in unserer näheren und weiteren Umgebung leiden. [...]

Das Doppelgebot der Liebe – Gott zu lieben mit ganzem Herzen und ganzer Seele und den Nächsten zu lieben wie sich selbst – ist der Schlüssel zu einem geglückten Leben in Gemeinschaft mit Gott und mit den Menschen. Die Gottes- und Nächstenliebe ist keine abstrakte Theorie, sondern ein konkreter Auftrag: „Handle danach, und du wirst leben“ (*Lk* 10,28), sagt der Herr im Evangelium [...]. Wie der [...] heilige Benedikt, mein besonderer Patron, und alle Heiligen, die Jesus auf diesem Weg der Liebe nachgefolgt sind, wollen auch wir Nächste sein für die Menschen um uns, die unsere Zuwendung und Unterstützung brauchen, um so zum wahren Leben zu gelangen. Dabei geleite euch der Heilige Geist mit seiner Gnade. [...]

Im Gleichnis vom barmherzigen Samariter [...] betont Jesus die überragende Wichtigkeit des Liebesgebots und fordert uns auf, die Barmherzigkeit gegenüber unseren Nächsten zu üben. Durch die Fürsprache der allerseligsten Jungfrau Maria bitten wir um die Gnade, dieselben Empfindungen des Herzens Jesu zu haben und durch dieses Leben zu pilgern, indem wir Gutes tun.

Papst Benedikt XVI.: Angelus vom 11. Juli 2010

Wer war dieser Mann? Es war irgendjemand, der auf der Straße, die die Wüste von Judäa durchquert, von Jerusalem nach Jericho hinabging. Kurz zuvor war ein Mann von Räubern überfallen, geplündert, niedergeschlagen und halb tot liegengelassen worden. Vor dem Samariter kommen ein Priester und ein Levit vorbei, das heißt zwei Personen, die für den Kult im Tempel des Herrn zuständig sind. Sie sehen jenen armen Mann, doch sie gehen weiter, ohne anzuhalten. Als dagegen der Samariter jenen Mann sah, „hatte er Mitleid", sagt das Evangelium (*Lk* 10,33). Er ging zu ihm hin, goss Öl und Wein auf seine Wunden und verband sie; dann hob er ihn auf sein Reittier, brachte ihn zu einer Herberge und zahlte für ihn. Er sorgte also für ihn: Er ist das Beispiel der Nächstenliebe. Warum aber wählt Jesus einen Samariter als Hauptperson des Gleichnisses? Weil die Samariter aufgrund unterschiedlicher religiöser Traditionen bei den Juden verachtet waren; und dennoch lässt Jesus erkennen, dass das Herz jenes Samariters gut und großherzig ist und dass er im Unterschied zum Priester und zum Leviten den Willen Gottes in die Praxis umsetzt, dem mehr an Barmherzigkeit als an Opfern liegt (vgl. *Mk* 12,33). Gott will immer die Barmherzigkeit und nicht die gegen alle gerichtete Verurteilung.

Gott will immer die Barmherzigkeit und nicht die gegen alle gerichtete Verurteilung.

Er will die Barmherzigkeit des Herzens, weil er barmherzig ist und unsere Armseligkeiten, unsere Schwierigkeiten und auch unsere Sünden gut zu verstehen weiß. Gib uns allen dieses barmherzige Herz! Der Samariter tut genau das: er ahmt die Barmherzigkeit Gottes nach, die Barmherzigkeit gegenüber den Bedürftigen.

Papst Franziskus: Angelus vom 14. Juli 2013

Maria und Marta (Lk 10,38–42)

Marta und Maria sind zwei Schwestern; sie haben auch einen Bruder, Lazarus, der jedoch bei dieser Gelegenheit nicht in Erscheinung tritt. Jesus kommt durch ihr Dorf, und Marta – so sagt der Text – nahm ihn freundlich auf (vgl. 10,38). Dieses Detail lässt erkennen, dass Marta die ältere der beiden ist, jene, die für das Haus Sorge trägt. Nachdem Jesus dann Platz genommen hat, setzt sich Maria ihm zu Füßen und hört ihm zu, während Marta ganz von den verschiedenen Arbeiten in Anspruch genommen ist, die gewiss aufgrund des außergewöhnlichen Gastes vonnöten waren.
Es ist, als könnten wir die Szene mit eigenen Augen sehen: die eine Schwester, die geschäftig hin und her eilt, und die andere, die von der Gegenwart des Meisters und von seinen Worten hingerissen ist. Nach einer Weile hält es die offensichtlich verärgerte Marta nicht mehr aus, sie protestiert und fühlt sich dabei berechtigt, Jesus zu kritisieren: „Herr, kümmert es dich nicht, dass meine

Schwester die ganze Arbeit mir allein überlässt? Sag ihr doch, sie soll mir helfen!" Marta möchte sogar den Meister belehren! Dagegen antwortet Jesus mit großer Ruhe: „Marta, Marta – und die Wiederholung des Namens bringt seine Zuneigung zum Ausdruck –, du machst dir viele Sorgen und Mühen. Aber nur eines ist notwendig. Maria hat das Bessere gewählt, das soll ihr nicht genommen werden" (*Lk* 10,41–42). Das Wort Christi ist mehr als deutlich: keine Geringschätzung für das arbeitsame Leben, geschweige denn für die hochherzige Gastfreundschaft; doch ein klarer Hinweis auf die Tatsache, dass das einzig wirklich Notwendige etwas anderes ist: das Wort des Herrn zu hören; und der Herr ist in jenem Augenblick dort, er ist gegenwärtig in der Person Jesu! Alles andere wird vergehen und wird uns genommen werden, doch das Wort Gottes ist ewig und verleiht unserem alltäglichen Tun Sinn.

Keine Geringschätzung für das arbeitsame Leben, der Herr ist gegenwärtig in der Person Jesu!

Papst Benedikt XVI.: Angelus vom 18. Juli 2010

Marta und Maria, die Schwestern des Lazarus, sind Verwandte und treue Jüngerinnen des Herrn, die in Betanien wohnten. Der hl. Lukas beschreibt sie so: Maria, zu Füßen Jesu, „hörte seinen Worten zu", während Marta ganz davon in Anspruch genommen war, für ihn zu sorgen (vgl. *Lk* 10,39–40).

Beide nehmen Jesus bei seiner Durchreise freundlich auf, doch sie tun dies auf unterschiedliche Weise. Maria setzt sich dem Herrn zu Füßen und hört zu, Marta dagegen lässt sich von den Dingen vereinnahmen, die es vorzubereiten gilt, und sie ist so beschäftigt, dass sie sich an den Herrn wendet und sagt: „Herr, kümmert es dich nicht, dass meine Schwester die ganze Arbeit mir allein überlässt? Sag ihr doch, sie soll mir helfen!“ (V. 40). Und Jesus antwortet ihr, indem er sie freundlich tadelt: „Marta, Marta, du machst dir viele Sorgen und Mühen. Aber nur eines ist notwendig“ (V. 41–42).

„Marta, Marta, du machst dir viele Sorgen und Mühen. Aber nur eines ist notwendig.“ (*Lk* 10,41–42)

Was will Jesus sagen? Was ist dieses eine, dessen wir bedürfen? Vor allem ist es wichtig zu verstehen, dass es sich um keine Entgegensetzung von zwei Verhaltensweisen handelt: zwischen dem Hören auf das Wort des Herrn, der Kontemplation, und dem konkreten Dienst am Nächsten. Es sind keine zwei einander entgegengesetzten Haltungen, sondern im Gegenteil zwei Aspekte, die beide für unser christliches Leben wesentlich sind; Aspekte, die niemals getrennt werden dürfen, sondern in tiefer Einheit und Harmonie gelebt werden müssen.
Warum aber wird Marta nun getadelt, wenngleich auf sanfte Weise? Weil sie allein das, was sie tat, für wesentlich hielt, weil sie zu sehr vereinnahmt und von den Dingen in Anspruch genommen war, die zu tun waren. In einem Christen sind die Werke des Dienstes und der Nächstenliebe nie von der Grundquelle all unseres Handelns abgetrennt: dem Hören des Wortes des Herrn, dem Verweilen zu Füßen Jesu in der Haltung des Jüngers wie Maria. Und daher wird Marta getadelt.
Auch in unserem christlichen Leben müssen Gebet und Handeln immer zutiefst vereint sein. Ein Gebet, das nicht zum konkreten Handeln gegenüber dem armen,

kranken, hilfsbedürftigen Bruder, dem Bruder in Not führt, ist ein steriles und unvollständiges Gebet. Wenn man aber gleichzeitig im kirchlichen Dienst allein auf das Tun achtet, wenn man den Dingen, den Funktionen, den Strukturen mehr Gewicht beimisst und dabei die Zentralität Christi vergisst, sich keine Zeit nimmt für den Dialog mit ihm im Gebet, so läuft man Gefahr, sich selbst zu dienen und nicht dem im bedürftigen Bruder gegenwärtigen Gott.

Auch in unserem christlichen Leben müssen Gebet und Handeln immer zutiefst vereint sein.

Der hl. Benedikt fasste den Lebensstil, den er seinen Mönchen vorgab, in zwei Worten zusammen: „Ora et labora", bete und arbeite. Aus der Kontemplation, aus einer starken Beziehung der Freundschaft mit dem Herrn entsteht in uns das Vermögen, die Liebe Gottes, seine Barmherzigkeit, seine Zärtlichkeit gegenüber den anderen zu leben und weiterzugeben. Und auch unsere Arbeit mit dem bedürftigen Bruder, unsere Arbeit der Nächstenliebe in den Werken der Barmherzigkeit bringt uns zum Herrn, weil es der Herr ist, den wir im bedürftigen Bruder und in der bedürftigen Schwester sehen.

Papst Franziskus: Angelus vom 21. Juli 2013

Das Gebet des Herrn (Lk 11,1–4)

> „Gib uns täglich das Brot, das wir brauchen. Und erlass uns unsere Sünden." (*Lk* 11,3–4)

Das Evangelium [...] stellt uns Jesus vor, wie er ein wenig abseits von seinen Jüngern betete. Als er sein Gebet beendet hatte, sagte einer von ihnen: „Herr, lehre uns beten" (Lk 11,1). Jesus hatte nichts einzuwenden, er sprach nicht von eigenartigen oder esoterischen Formeln, sondern sagte mit großer Schlichtheit: „Wenn ihr betet, so sprecht: Vater...", und er lehrte das Vaterunser (vgl. *Lk* 11,2–4), wobei er dieselben Gebetsworte gebrauchte, mit denen er sich an Gott, seinen Vater, wandte. Der hl. Lukas überliefert uns das Vaterunser in einer kürzeren Fassung als die aus dem Evangelium des hl. Matthäus, die allgemein zur Verwendung gekommen ist. Wir stehen vor den ersten Worten der Heiligen Schrift, die wir von Kind auf gelernt haben. Sie prägen sich dem Gedächtnis ein, sie formen unser Leben, sie begleiten uns bis zum letzten Atemzug. Sie offenbaren: „Wir sind nicht schon fertige Kinder Gottes, sondern wir sollen es durch unsere immer tiefere Gemeinschaft mit Jesus immer mehr werden. Kindsein wird mit Nachfolge Christi identisch" (Benedikt XVI., Jesus von Nazareth. Erster Teil: Von der Taufe im Jordan bis zur Verklärung, Freiburg-Basel-Wien 2007, S. 172).

Dieses Gebet nimmt auch die materiellen und geistlichen Nöte des Menschen auf und bringt sie zum Ausdruck: „Gib uns täglich das Brot, das wir brauchen. Und erlass uns unsere Sünden" (*Lk* 11,3–4). Und gerade angesichts der alltäglichen Nöte und Schwierigkeiten spricht Jesus eindringlich die Mahnung aus: „Darum sage ich euch: Bittet, dann wird euch gegeben; sucht, dann werdet ihr finden; klopft an, dann wird euch geöffnet. Denn wer bittet, der empfängt; wer sucht, der findet; und wer anklopft, dem wird geöffnet" (*Lk* 11,9–10). Es handelt sich um kein Bitten, durch das die eigenen Wünsche befriedigt werden sollen, sondern vielmehr um ein Bitten, das die Freundschaft mit Gott wachhält, der – wie es im Evangelium weiter heißt – „den Heiligen Geist denen [geben wird], die ihn bitten" (*Lk* 11,13). Dies haben die alten „Wüstenväter" und die kontemplativen Menschen aller Zeiten erfahren, die durch das Gebet zu Freunden Gottes geworden sind, wie Abraham, der den Herrn anflehte, die wenigen Gerechten vor der Zerstörung der Stadt Sodom zu retten (vgl. *Gen* 18,23–32). Die hl. Teresa von Ávila forderte ihre Mitschwestern mit folgenden Worten auf: „Wir müssen zu Gott flehen, auf dass er uns für immer von jeder Gefahr befreie und uns von allem Übel bewahre. Und wie unvollkommen unser Wunsch auch sein mag, so wollen wir uns doch anstrengen, in dieser Bitte beharrlich zu sein. Was kostet es uns, viel zu erbitten, da wir uns doch an den Allmächtigen wenden?" (Weg der Vollkommenheit, Kap. 42). Jedes Mal, wenn wir das Vaterunser beten, verbindet sich unsere Stimme mit jener der Kirche, denn wer betet, ist nie allein. „Jeder Gläubige kann und muss aus den verschiedenen Formen und dem Reichtum des christlichen Gebetes, wie es die Kirche lehrt, seinen eigenen Weg und seine eigene Gebetsmethode herausfinden ... [der einzelne soll sich daher] ... vom Heiligen Geist leiten lassen, der ihn durch Christus zum Vater

Wer betet, ist nie allein.

führt" (Kongregation für die Glaubenslehre, Über einige Aspekte der christlichen Meditation, 15. Oktober 1989).

Papst Benedikt XVI.: Angelus vom 25. Juli 2010

Das Gleichnis vom bittenden Freund (Lk 11,5–8)

Das Gleichnis vom bittenden Freund, vom lästigen Freund, der mitten in der Nacht zu einem anderen Freund geht, um ihn um Brot für einen soeben bei ihm angekommenen Bekannten zu bitten, dem er nichts anzubieten hatte, erinnert an die Notwendigkeit, wenn nötig, inständig zu beten, sich aber doch immer selbst einzubringen. „Bei dieser Bitte muss der Freund aufstehen und ihm das Brot geben. Und an einer weiteren Stelle spricht Jesus davon: im Gleichnis von der Witwe, die zum gottlosen Richter ging, der sie nicht anhörte, sie nicht anhören wollte; aber sie war aufdringlich, belästigte ihn so sehr, dass er am Ende doch Recht sprach, wie sie gebeten hatte, um sie in einer Weise, die ihr nicht allzu lästig war, loszuwerden. Das lässt uns an unser Gebet denken. Wie beten wir? Beten wir einfach so, aus Gewohnheit, fromm, aber ruhig, oder stellen wir uns mutig vor den Herrn, um seine Gnade zu erbitten, um das zu erhalten, worum wir beten?"

Die richtige Einstellung ist wichtig, weil „ein Gebet, das nicht mutig ist", so bekräftigte der Papst, „kein richtiges

Gebet ist." Wenn man betet, dann braucht man „den Mut, darauf zu vertrauen, dass uns der Herr erhört, den Mut, an seine Tür zu klopfen. Der Herr sagt das selbst, denn dem, der bittet, wird gegeben und dem, der an die Tür klopft, wird aufgetan." Aber, so fragte sich der Heilige Vater, ist unser Gebet wirklich so? Oder beschränken wir uns darauf, zu sagen: „Herr, ich benötige etwas, erweis mir die Gnade"? Kurz, „nehmen wir inneren Anteil am Gebet? Verstehen wir es, an Gottes Herz zu klopfen?" Um darauf zu antworten, kehrte der Bischof von Rom wieder zu jener Bibelstelle zurück, an deren Ende „Jesus zu uns sagt: Ist unter euch ein Vater, der seinem Sohn eine Schlange gibt, wenn er um einen Fisch bittet, oder einen Skorpion, wenn er um ein Ei bittet?

Wenn wir mutig beten, dann erweist uns der Herr nicht nur die Gnade, sondern in der Gnade gibt er uns auch sich selbst.

Wenn nun schon ihr, die ihr böse seid, euren Kindern gebt, was gut ist, wie viel mehr wird der Vater im Himmel denen geben die ihn bitten? Und wir erwarten, dass er fortfährt, indem er sagt: Ich werde euch gute Dinge geben. Aber nein, das ist nicht, was er sagt! Er wird den Heiligen Geist denen geben, die ihn bitten. Und das ist etwas sehr Großes." Denn „wenn wir mutig beten, dann erweist uns der Herr nicht nur die Gnade, sondern in der Gnade gibt er uns auch sich selbst." Denn „der Herr", so erläuterte der Papst mit einer höchst wirkungsvollen Formulierung, „gibt oder schickt niemals eine Gnade per Post: Er bringt sie selbst, er ist die Gnade!"

Papst Franziskus: Frühmesse vom 10. Oktober 2013

Das Beispiel von der falschen Selbstsicherheit des reichen Mannes (Lk 12,13–21)

Im Evangelium *Lk* 12,13–21 handelt die Lehre Jesu gerade von der wahren Weisheit, und sie wird durch die Bitte von einem Mann aus der Volksmenge eingeleitet: „Meister, sag meinem Bruder, er soll das Erbe mit mir teilen" (*Lk* 12,13). In seiner Antwort warnt Jesus die Zuhörer mit dem Gleichnis vom törichten reichen Mann vor der Habgier nach irdischen Gütern; da dieser für sich eine reiche Ernte angehäuft hat, hört er auf zu arbeiten, verbraucht sein Vermögen, freut sich so des Lebens und gibt sich sogar der Illusion hin, dem Tod aus dem Weg gehen zu können. „Da sprach Gott zu ihm: Du Narr! Noch in dieser Nacht wird man dein Leben von dir zurückfordern. Wem wird dann all das gehören, was du angehäuft hast?" (*Lk* 13,20).

„Meister, sag meinem Bruder, er soll das Erbe mit mir teilen." (*Lk* 12,13)

In der Bibel ist der Narr derjenige, der sich gegenüber der Erfahrung der sichtbaren Dinge nicht bewusst werden will, dass nichts für immer währt, sondern dass alles vergeht: die Jugend wie die Kräfte des Leibes, die Annehmlichkeiten des Lebens ebenso wie die Machtpositionen. Sein Leben von solchen vergänglichen Wirklichkeiten abhängig zu machen ist also Torheit. Der Mensch, der auf den Herrn vertraut, fürchtet dagegen die Widrigkeiten des Lebens nicht, nicht einmal die unausweichliche Wirklichkeit des Todes: Er ist der Mensch, der wie die Heiligen „ein weises Herz" erlangt hat.

Papst Benedikt XVI.: Angelus vom 1. August 2010

Der Heilige Vater erinnert an jenen Mann, der Jesus darum bittet, seinen Bruder dazu aufzufordern, das Erbe mit ihm zu teilen. In der Tat redet dem Papst zufolge der Herr durch diese Person mit uns „über unser Verhältnis zum Reichtum und zum Geld". Ein Thema, das keineswegs nur vor zweitausend Jahren aktuell war, sondern das es auch heute noch ist, jeden Tag aufs Neue. „Wie viele Familien haben wir gesehen", so kommentierte er, „die durch das Geld betreffende Probleme zerstört wurden: Bruder gegen Bruder, Vater gegen Sohn!" Denn die erste Konsequenz dessen, dass ein Mensch am Geld hängt, besteht darin, dass nicht nur er selbst, sondern auch die, die ihm nahestehen, zerstört werden. „Wenn ein Mensch am Geld hängt", so erläuterte der Bischof von Rom, „dann zerstört er sich selbst, er zerstört die Familie."

Die Geldgier lässt den Menschen krank werden.

Sicher, das Geld sollte nicht völlig verteufelt werden. „Das Geld", so präzisierte Papst Franziskus, „dient dazu, viele gute Dinge voranzutreiben, viele Arbeiten für die Fortentwicklung der Menschheit." Verurteilt werden muss hingegen dessen Missbrauch. Um das zu erläutern, wiederholte der Papst dieselben Worte, die Jesus in der Bibel im Gleichnis vom „reichen Manne" gesagt hatte: „Wer nur für sich selbst Schätze sammelt, ist vor Gott nicht reich." Daraus leitet er die Warnung ab: „Gebt Acht und haltet euch fern von jeder Geldgier." In der Tat ist sie es, „die im Verhältnis zum Geld schadet"; es ist der unablässige Druck, noch mehr haben zu wollen, der „zum Götzendienst" des Geldes führt und damit endet, „das Verhältnis zu den anderen Menschen" zu zerstören. Denn die Geldgier lässt den Menschen krank werden, sie lockt ihn in einen Teufelskreis

hinein, in dem jeder einzelne Gedanke „dem Geld gewidmet“ ist.
Im Übrigen besteht der gefährlichste Charakterzug der Geldgier gerade darin, ein „Werkzeug des Götzendienstes zu sein; denn sie geht den Weg“, den Gott den Menschen vorgezeichnet hat, „gerade in die entgegengesetzte Richtung“. Im Hinblick darauf zitierte der Heilige Vater den hl. Paulus, der daran erinnert, dass „Jesus Christus, der reich war, arm geworden ist, um uns reich zu machen“. Es gibt folglich einen „Weg Gottes“, den „der Demut, der Erniedrigung, um anderen zu dienen“, und einen Weg, der in die entgegen gesetzte Richtung verläuft, den, auf den uns die Geldgier und der Götzendienst führen: „Du, der du ein armer Mann bist, machst dich aus Eitelkeit selbst zu Gott.“

„Man wird dein Leben von dir zurückfordern.“ (*Lk* 12,20)

Aus diesem Grunde, so fügte der Papst hinzu, „sagt Jesus sehr harte, starke Worte gegen das am Geld Hängen“: beispielsweise dann, wenn er daran erinnert, „dass man nicht zwei Herren dienen kann: entweder Gott oder dem Geld“; oder wenn er dazu ermahnt, „sich keine Sorgen zu machen, denn der Herr weiß, was wir brauchen“; oder auch dann, wenn „er uns zur vertrauensvollen Hingabe an den Vater führt, der die Lilien des Feldes blühen lässt und den Vögeln des Himmels zu essen gibt“. Das Verhalten des Protagonisten des biblischen Gleichnisses, der an nichts anderes zu denken vermochte als an die reichen Korn-Vorräte, die er auf seinen Feldern geerntet hatte, und an seine angehäuften Reichtümer steht in klarem Gegensatz zu diesem Verhalten, das der göttlichen Barmherzigkeit vertraut. Als er sich fragte, was er tun sollte, so erklärte Papst Franziskus, „hätte er sagen können: ich gebe das einem anderen Menschen, um ihm zu helfen“.

Stattdessen „brachte ihn seine Habgier dazu, zu sagen: Ich werde größere Scheunen bauen und meine Vorräte unterbringen. Immer mehr." Ein Verhalten, hinter dem sich dem Papst zufolge der Ehrgeiz verbirgt, eine Art von Göttlichkeit zu erreichen, „fast schon eine Art der Göttlichkeit eines Götzen", wie die Gedanken dieses Mannes selbst bezeugen: „Meine Seele, nun hast du einen großen Vorrat, der für viele Jahre reicht. Ruh dich aus, iss und trink, und freu dich des Lebens!" Aber gerade da lässt ihn Gott in seine Wirklichkeit als Geschöpf herabstürzen, indem er ihn mit dem folgenden Satz warnt: „Du Narr! Noch in dieser Nacht wird man dein Leben von dir zurückfordern." Denn, so schloss der Bischof von Rom, „dieser Weg, der in die entgegen gesetzte Richtung zu Gottes Weg geht, ist Torheit, er führt weit weg vom Leben. Er zerstört jede Brüderlichkeit unter den Menschen." Der Herr hingegen zeigt uns den rechten Weg. Der „nicht nur der Weg der Armut um der Armut willen ist"; ganz im Gegenteil: „Er ist der Weg der Armut als Werkzeug, damit Gott Gott sein kann, damit Er der einzige Herr sei, nicht das goldene Götzenbild." Tatsächlich „gibt uns der Herr alle Besitztümer, die wir haben, damit wir damit die Welt weiterbringen mögen, damit wir die Menschheit voranbringen, um den anderen zu helfen."

Er ist der Weg der Armut als Werkzeug, damit Gott Gott sein kann, damit Er der einzige Herr sei

Daraus leitet sich die Hoffnung ab, dass „das Wort des Herrn heute in unserem Herzen bleiben möge", mit seiner Aufforderung, uns von der Habgier fernzuhalten, denn „auch dann, wenn ein Mensch im Überfluss lebt, hängt sein Leben doch nicht von dem ab, was er besitzt."

Papst Franziskus: Frühmesse vom 21. Oktober 2013

Das Gleichnis vom treuen und vom schlechten Knecht (Lk 12,32–48)

Wir erkennen die Knechte, von denen das […] Gleichnis aus dem Evangelium spricht: treue Knechte, die der Herr bei seiner Rückkehr von der Hochzeit wachend und bereit findet (vgl. *Lk* 12,36–38); Hirten, die der Kirche gedient haben, indem sie der Herde Christi die notwendige Sorge zukommen ließen; Zeugen für das Evangelium, die in der Verschiedenheit ihrer Gaben und Aufgaben eine tätige Wachsamkeit, eine großherzige Hingabe an den Aufbau des Reiches Gottes bewiesen haben. Jede Eucharistiefeier […] nimmt in sehr ausdrucksvoller Weise das vorweg, was der Herr verheißen hat: Er selbst, der ewige Hohepriester, wird seine Knechte am Tisch Platz nehmen lassen und sie der Reihe nach bedienen (vgl. *Lk* 12,37). Auf dem Tisch der Eucharistie, dem Hochzeitsmahl des Neuen Bundes, wird Christus, das Osterlamm, zu unserer Speise, er besiegt den Tod und schenkt uns sein Leben, ein Leben ohne Ende. Auch wir wollen wach und bereit bleiben: so möge uns der Herr vorfinden, auch wenn er erst in der zweiten oder dritten Nachtwache von der Hochzeit kommt (vgl. *Lk* 12,38). Und auch wir werden dann wie die Knechte des Evangeliums selig sein!

Er selbst, der ewige Hohepriester, wird seine Knechte am Tisch Platz nehmen lassen und sie der Reihe nach bedienen (vgl. *Lk* 12,37).

Papst Benedikt XVI.: Predigt vom 5. November 2009

Das Evangelium *Lk* 12,32–48 spricht von der Sehnsucht nach der endgültigen Begegnung mit Christus, einer Sehnsucht, die uns stets bereit sein lässt, mit wachem Geist, da wir dieser Begegnung aus ganzem Herzen und mit allem, was wir sind, entgegenharren. Das ist ein grundlegender Aspekt des Lebens.

Die Liebe Gottes ist es, die den kleinen Verpflichtungen des Alltags Sinn gibt.

Es gibt eine Sehnsucht, die wir alle, ob ausdrücklich oder verborgen, im Herzen haben, alle tragen wir diese Sehnsucht im Herzen. Es ist wichtig, auch diese Lehre Jesu im konkreten, existenziellen Kontext zu sehen, indem er sie vermittelt hat. In diesem Fall zeigt uns der Evangelist Lukas Jesus, der mit seinen Jüngern nach Jerusalem unterwegs ist, hin zu seinem Pascha des Todes und der Auferstehung, und auf diesem Weg erzieht er sie, indem er ihnen das anvertraut, was er selbst im Herzen trägt, die tiefen Haltungen seiner Seele. Zu diesen Haltungen gehören der Abstand von den irdischen Gütern, das Vertrauen auf die Vorsehung des Vaters und eben die innere Wachsamkeit, die tätige Erwartung des Reiches Gottes. Für Jesus ist dies das Warten auf die Rückkehr in das Haus des Vaters.

Für uns ist es die Erwartung Christi selbst, der kommen wird, um uns zu holen und zum Fest ohne Ende zu bringen, wie er es bereits mit seiner Mutter getan hat, der allerseligsten Jungfrau Maria, die er zu sich in den Himmel genommen hat.

Dieses Evangelium will uns sagen, dass der Christ ein Mensch ist, der ein großes Verlangen, eine tiefe Sehnsucht in sich trägt: das Verlangen, gemeinsam mit den Brüdern und Schwestern, mit den Weggefährten seinem Herrn zu begegnen. Und alles, was Jesus uns sagt, ist in

einem berühmten Wort Jesu zusammengefasst: „Wo euer Schatz ist, da ist auch euer Herz“ (*Lk* 12,34).
Das Herz, das Sehnsucht spürt. Nun, wir alle sehnen uns nach etwas. Es sind arme Leute, die keine Sehnsucht haben; Sehnsucht, vorwärts zu gehen, hin zum Horizont, und für uns Christen ist dieser Horizont die Begegnung mit Jesus, die Begegnung mit ihm, der unser Leben, unsere Freude ist, was uns glücklich macht. Aber ich möchte euch zwei Fragen stellen. Die erste: Ihr alle, habt ihr ein verlangendes Herz, ein Herz, das Sehnsucht verspürt? Denkt nach und antwortet in Stille in eurem Herzen. Hast du ein Herz, das etwas ersehnt, oder hast du ein verschlossenes Herz, ein eingeschlafenes Herz, ein gegenüber den Dingen des Lebens narkotisiertes Herz? Das Verlangen, vorwärts zu gehen hin zur Begegnung mit Jesus.

„Wo euer Schatz ist, da ist auch euer Herz.“ (*Lk* 12,34)

Und die zweite Frage: Wo ist dein Schatz, das, was du ersehnst? Denn Jesus hat gesagt: „Wo euer Schatz ist, da ist auch euer Herz“, und ich frage: „Wo ist dein Schatz?“ Was ist für dich die wichtigste, die kostbarste Wirklichkeit, die Wirklichkeit, die mein Herz wie ein Magnet anzieht? Was zieht dein Herz an? Kann ich sagen, dass es die Liebe Gottes ist? Ist da der Wunsch, anderen Gutes zu tun, für den Herrn und für unsere Brüder und Schwestern zu leben? Kann ich das sagen? Jeder antworte in seinem Herzen. Doch einer mag mir sagen: Pater, aber ich bin doch einer, der arbeitet, der eine Familie hat, für mich besteht die wichtigste Wirklichkeit darin, meine Familie zu unterhalten, die Arbeit. Gewiss, das ist wahr, das ist wichtig. Aber welche Kraft hält die Familie zusammen? Gerade die Liebe ist es, und wer die Liebe in unserem Herzen aussät, das ist Gott. Die Liebe Gottes, gerade die

Liebe Gottes ist es, die den kleinen Verpflichtungen des Alltags Sinn gibt und auch dabei hilft, die großen Prüfungen anzunehmen. Das ist der wahre Schatz des Menschen. Mit Liebe im Leben vorwärts zu gehen, mit jener Liebe, die der Herr im Herzen ausgesät hat, mit der Liebe Gottes. Das ist der wahre Schatz. Doch was ist die Liebe Gottes? Sie ist nicht etwas Unbestimmtes, ein vages Gefühl. Die Liebe Gottes hat einen Namen und ein Gesicht: Jesus Christus, Jesus. Die Liebe Gottes offenbart sich in Jesus. Denn wir können nicht die Luft lieben ...

Die Liebe Gottes offenbart sich in Jesus.

Lieben wir die Luft? Lieben wir das Ganze? Nein, das kann man nicht, wir lieben Personen, und die Person, die wir lieben, ist Jesus, das Geschenk des Vaters unter uns. Das ist eine Liebe, die allem anderen Wert und Schönheit verleiht; eine Liebe, die der Familie, der Arbeit, dem Studium, der Freundschaft, der Kunst, jeder menschlichen Aktivität Kraft gibt. Und sie verleiht auch den negativen Erfahrungen Sinn, da uns diese Liebe gestattet, über diese Erfahrungen hinauszugehen, hinauszugehen, nicht Gefangene des Bösen zu bleiben, sondern sie lässt uns weitergehen, sie macht uns immer offen für die Hoffnung. Ja, die Liebe Gottes in Jesus öffnet uns immer für die Hoffnung, für jenen Horizont der Hoffnung, für den letzten Horizont unserer Pilgerschaft. So finden auch die Mühen und das Scheitern einen Sinn. Auch unsere Sünden finden einen Sinn in der Liebe Gottes, da uns diese Liebe Gottes in Jesus Christus immer vergibt, sie liebt uns so sehr, dass sie uns immer vergibt.

Papst Franziskus: Angelus vom 11. August 2013

Von Frieden und Zwietracht (Lk 12,49–53)

Im Evangelium *Lk* 12,49–53 ist ein Ausdruck Jesu zu finden, der unsere Aufmerksamkeit jedes Mal auf sich zieht und es erfordert, gut verstanden zu werden. Während er unterwegs nach Jerusalem ist, wo ihn der Tod am Kreuz erwartet, vertraut Christus seinen Jüngern an: „Meint ihr, ich sei gekommen, um Frieden auf die Erde zu bringen? Nein, sage ich euch, nicht Frieden, sondern Spaltung." Und er fügt hinzu: „Denn von nun an wird es so sein: Wenn fünf Menschen im gleichen Haus leben, wird Zwietracht herrschen: Drei werden gegen zwei stehen und zwei gegen drei, der Vater gegen den Sohn und der Sohn gegen den Vater, die Mutter gegen die Tochter und die Tochter gegen die Mutter, die Schwiegermutter gegen ihre Schwiegertochter und die Schwiegertochter gegen die Schwiegermutter" (*Lk* 12,51–53). Jeder, der das Evangelium Christi wenigstens etwas kennt, weiß, dass es Botschaft des Friedens schlechthin ist; Jesus selbst, wie der hl. Paulus schreibt, „ist unser Friede" (*Eph* 2,14), gestorben und auferstanden, um die Mauer der Feindschaft niederzureißen und das Reich Gottes, der Liebe, Freude und Friede ist, beginnen zu lassen. Wie sind also diese Worte zu erklären? Worauf bezieht sich der Herr, wenn er in der Version des Lukas sagt, dass er gekommen ist, um die „Spaltung" zu bringen, oder – laut Matthäus – das „Schwert" (*Mt* 10,34)?

„Meint ihr, ich sei gekommen, um Frieden auf die Erde zu bringen? Nein, sage ich euch, nicht Frieden, sondern Spaltung." (*Lk* 12,51)

Diese Wendung Christi bedeutet, dass der Friede, den zu

bringen er gekommen ist, nicht gleichbedeutend mit einfacher Abwesenheit von Konflikten ist. Im Gegenteil, der Friede Jesu Christi ist Ergebnis eines ständigen Kampfes gegen das Böse. Der Kampf, den durchzustehen Jesus entschlossen ist, ist nicht ein Kampf gegen Menschen oder menschliche Mächte, sondern gegen den Feind Gottes und des Menschen, Satan. Wer diesem Feind widerstehen will und dabei Gott und dem Guten treu bleibt, muss notwendigerweise Verständnislosigkeiten und manchmal richtiggehenden Verfolgungen entgegentreten. All diejenigen, die beabsichtigen, Jesus nachzufolgen und sich kompromisslos für die Wahrheit einzusetzen, müssen deshalb wissen, dass sie Widerständen begegnen werden und gegen ihren Willen Zeichen der Spaltung unter den Menschen, sogar innerhalb ihrer Familien, sein werden. Die Liebe gegenüber den Eltern ist nämlich ein heiliges Gebot; um aber echt gelebt zu werden, darf sie nie der Liebe zu Gott und zu Christus vorangestellt werden. Auf diese Weise werden die Christen auf den Spuren von Jesus, dem Herrn, nach dem berühmten Wort des hl. Franziskus von Assisi zu „Werkzeugen des Friedens". Nicht eines haltlosen und scheinbaren, sondern eines wirklichen Friedens, der mutvoll und hartnäckig bei den täglichen Aufgaben angestrebt wird, das Böse mit dem Guten zu besiegen (vgl. *Röm* 12,21), und für den man persönlich den Preis bezahlt, den dies erfordert.

Der Friede Jesu Christi ist Ergebnis eines ständigen Kampfes gegen das Böse.

Papst Benedikt XVI.: Angelus vom 19. August 2007

Jesus sagt zu seinen Jüngern: „Meint ihr, ich sei gekommen, um Frieden auf die Erde zu bringen? Nein, sage ich euch, nicht Frieden, sondern Spaltung" (*Lk* 12,51). Was bedeutet das? Es bedeutet, dass der Glaube nichts Dekoratives, Schmückendes ist. Den Glauben leben heißt nicht, das Leben ein wenig mit Religion zu dekorieren, als sei es eine Torte, die man mit Sahne verziert. Nein, so ist der Glaube nicht. Der Glaube bringt es mit sich, Gott als Grundkriterium des Lebens zu wählen, und Gott ist nicht leer, er ist nicht neutral, Gott ist immer positiv, Gott ist Liebe, und die Liebe ist positiv! Nachdem Jesus in die Welt gekommen ist, kann man nicht so tun, als würden wir Gott nicht kennen.

Gott ist immer positiv, Gott ist Liebe, und die Liebe ist positiv!

Als sei er etwas Abstraktes, Leeres, mit einem rein nominalen Bezug. Nein, Gott hat ein konkretes Gesicht, er hat einen Namen: Gott ist Barmherzigkeit, Gott ist Treue, er ist Leben, das sich uns allen schenkt. Deshalb sagt Jesus: Ich bin gekommen, um Spaltung zu bringen. Es ist nicht so, dass Jesus die Menschen untereinander spalten will, im Gegenteil: Jesus ist unser Friede, er ist unsere Versöhnung!

Doch dieser Friede ist nicht der Grabesfriede, er ist keine Neutralität, Jesus bringt keine Neutralität, dieser Friede ist kein Kompromiss um jeden Preis. Die Nachfolge Jesu bringt es mit sich, dem Bösen, dem Egoismus zu entsagen und das Gute, die Wahrheit, die Gerechtigkeit zu wählen, auch wenn dies Opfer und den Verzicht auf die eigenen Interessen verlangt. Und das, ja das spaltet.

Wir wissen es, es spaltet auch die engsten Bande. Doch Achtung: Nicht Jesus ist es, der spaltet! Er legt ein Kriterium fest: für sich selbst leben oder für Gott und die anderen leben; sich dienen lassen oder dienen; dem eigenen Ich gehorchen oder Gott gehorchen. Ja, so ist Jesus „Zeichen, dem widersprochen wird" (*Lk* 2,34).

Glaube und Gewalt sind unvereinbar!

Dieses Wort aus dem Evangelium also ermächtigt mitnichten zur Anwendung von Gewalt, um den Glauben zu verbreiten. Das genaue Gegenteil ist der Fall: die wahre Kraft des Christen ist die Kraft der Wahrheit und der Liebe, was es mit sich bringt, auf jede Gewalt zu verzichten.

Glaube und Gewalt sind unvereinbar! Dagegen gehören Glaube und Stärke zusammen. Der Christ ist nicht gewalttätig, sondern stark. Und welche Kraft ist das? Die der Sanftmut, die Kraft der Sanftmut, die Kraft der Liebe.

Papst Franziskus Angelus vom 18. August 2013

Mahnung zur Umkehr (Lk 13,1–9)

Der Abschnitt aus dem Lukasevangelium [...] gibt die Anmerkung Jesu zu zwei Ereignissen aus dem Tagesgeschehen wieder. Das erste war der Aufstand einiger Galiläer, den Pilatus blutig niederschlagen ließ, das zweite der Einsturz eines Turmes in Jerusalem, der 18 Todesopfer gefordert hatte. Zwei sehr unterschiedliche tragische Begebenheiten: Die eine wurde vom Menschen verursacht, die andere geschah zufällig. Gemäß der Mentalität jener Zeit neigten die Menschen zu der Annahme, dass das Unglück auf die Opfer wegen ihrer eigenen schweren Schuld hereingebrochen sei. Jesus hingegen sagt: „Meint ihr, dass nur diese Galiläer Sünder waren? [...] Oder jene achtzehn Menschen, [...] meint ihr, dass nur sie Schuld auf sich geladen hatten, alle anderen Einwohner von Jerusalem aber nicht?" (*Lk* 13,2.4). In beiden Fällen kommt er zu dem Schluss: „Nein, im Gegenteil: Ihr alle werdet genauso umkommen, wenn ihr euch nicht bekehrt" (*Lk* 13,3.5).

Wahre Weisheit liegt darin, sich von der Unsicherheit des Daseins in Frage stellen zu lassen und eine Haltung der Verantwortlichkeit anzunehmen.

Das ist also der Punkt, zu dem Jesus seine Zuhörer führen möchte: die Notwendigkeit der Umkehr. Er stellt sie nicht in moralistischer, sondern in realistischer Weise dar, nämlich als einzig angemessene Antwort auf Geschehnisse, die die menschlichen Sicherheiten in eine Krise stürzen. Angesichts gewisser Unglücksfälle – so mahnt Er – nützt es nichts, die Schuld auf die Opfer abzuwälzen. Wahre Weisheit liegt vielmehr darin, sich von der Unsicherheit des Daseins in Frage stellen zu lassen und eine Haltung der Verantwortlichkeit anzunehmen: Buße zu tun und uns im Leben zu bessern. Das ist Weisheit, das ist die wirksamste Antwort auf das Böse, auf jeder Ebene: auf der zwischenmenschlichen, sozialen und internationalen. Christus ermahnt, auf das Böse in erster Linie mit einer ernsthaften Gewissenserforschung und mit der Verpflichtung zu antworten, das eigene Leben zu läutern. Anderenfalls – sagt er – werden wir umkommen, werden wir alle auf dieselbe Weise umkommen. Das einzige letzte Schicksal der Menschen und Gesellschaften, die ein Leben führen, ohne sich je in Frage zu stellen, ist in der Tat der Untergang. Die Umkehr hingegen bewahrt zwar nicht vor Problemen und Unglücksfällen, sie erlaubt es jedoch, ihnen „anders" entgegenzutreten. Vor allem hilft sie dabei, dem Bösen vorzubeugen, indem sie bestimmte von ihm ausgehende

Die Umkehr besiegt das Böse von der Wurzel her.

Bedrohungen entschärft. Und in jedem Fall erlaubt sie es, das Böse mit dem Guten zu besiegen, wenn auch nicht immer auf der Ebene der Tatsachen – die zuweilen nicht von unserem Willen abhängen –, so doch sicherlich auf der geistlichen Ebene. Kurz gesagt: Die Umkehr besiegt das Böse von der Wurzel her, die die Sünde ist, selbst wenn sie nicht immer seine Folgen vermeiden kann.

Papst Benedikt XVI.: Angelus vom 11. März 2007

Von der engen und von der verschlossenen Tür (Lk 13,22–30)

Das Evangelium legt uns ein Wort Christi vor, das erhellend und gleichzeitig verwirrend ist. Während seines letzten Aufstiegs nach Jerusalem fragt ihn einer: „Herr, sind es nur wenige, die gerettet werden?" Und Jesus antwortet: „Bemüht euch mit allen Kräften, durch die enge Tür zu gelangen; denn viele, sage ich euch, werden versuchen hineinzukommen, aber es wird ihnen nicht gelingen" (*Lk* 13,23–24). Was bedeutet diese „enge Tür"? Warum gelingt es vielen nicht, hineinzukommen? Handelt es sich etwa um einen Durchgang, der nur wenigen Auserwählten vorbehalten ist? In der Tat ist bei näherem Zusehen diese Art des Denkens der Gesprächspartner Jesu immer aktuell: die Versuchung, die religiöse Praxis als Quelle von Privilegien oder Sicherheiten zu interpretieren, liegt immer auf der Lauer. In Wirklichkeit geht die

Botschaft Christi in die entgegengesetzte Richtung: Alle können in das Leben eintreten, aber für alle ist die Tür „eng“. Es gibt keine Privilegierten. Der Durchgang zum ewigen Leben ist für alle offen, aber er ist „eng“, weil anspruchsvoll, er erfordert Einsatz, Opferwillen, Abtötung des eigenen Egoismus.

Das Evangelium fordert uns dazu auf, die Zukunft in Betracht zu nehmen, die uns erwartet und auf die wir uns während unserer Pilgerreise auf Erden vorbereiten müssen. Das Heil, das Jesus mit seinem Tod und seiner Auferstehung gewirkt hat, ist universal. Er ist der einzige Erlöser und lädt alle zum Festmahl des unsterblichen Lebens. Dies aber unter einer einzigen und gleichen Bedingung: sich anzustrengen, ihm nachzufolgen und ihn nachzuahmen, und dabei, wie Er es getan hat, sein Kreuz auf sich zu nehmen und das Leben dem Dienst an den Brüdern zu weihen. Diese Bedingung für den Eintritt in das himmlische Leben ist also eine einzige und universal. Am letzten Tag – so bringt Jesus im Evangelium weiter in Erinnerung – werden wir nicht auf der Grundlage von angeblichen Privilegien gerichtet, sondern nach unseren Werken. Diejenigen, „die Unrecht tun“, werden ausgeschlossen sein, während all diejenigen aufgenommen werden, die unter großen Opfern das Gute vollbracht und die Gerechtigkeit gesucht haben. Es wird somit nicht reichen, sich als „Freunde“ Christi zu erklären und dabei mit falschen Verdiensten zu prahlen: „Wir haben doch mit dir gegessen und getrunken und du hast auf unseren Straßen gelehrt“ (*Lk* 13,26). Die wahre Freundschaft mit Jesus kommt in der Lebensart zum Ausdruck: sie kommt in der Güte des Herzens, in der

„Bemüht euch mit allen Kräften, durch die enge Tür zu gelangen.“ (*Lk* 13,24)

Demut, der Sanftmut und der Barmherzigkeit, in der Liebe zur Gerechtigkeit und zur Wahrheit, im aufrichtigen und ehrlichen Einsatz für den Frieden und die Versöhnung zum Ausdruck. Das ist, so könnten wir sagen, der „Personalausweis“, der uns als seine echten „Freunde“ ausweist: das ist der „Pass“, der es uns gestatten wird, in das ewige Leben einzutreten.

Die wahre Freundschaft mit Jesus kommt in der Güte des Herzens zum Ausdruck.

Wenn auch wir durch die enge Tür hindurchgehen wollen, so müssen wir uns bemühen, wie Jesus klein, das heißt demütig im Herzen zu sein. Wie Maria, seine und unsere Mutter. Sie ist als erste hinter dem Sohn den Weg des Kreuzes gegangen und in die Herrlichkeit des Himmels aufgenommen worden, wessen wir vor ein paar Tagen gedacht haben. Das christliche Volk ruft sie als „Ianua Caeli“, als Pforte des Himmels an. Bitten wir sie, uns in unseren alltäglichen Entscheidungen auf dem Weg zu leiten, der zur „Pforte des Himmels“ führt.

Papst Benedikt XVI.: Angelus vom 26. August 2007

Das […] Evangelium lädt uns ein, über das Thema des Heils nachzudenken. Jesus zieht von Galiläa zur Stadt Jerusalem hinauf, und unterwegs nähert sich ihm einer – so berichtet der Evangelist Lukas – und fragt: „Herr, sind es nur wenige, die gerettet werden?“ (13,23). Jesus antwortet nicht direkt auf die Frage: Es ist nicht wichtig zu wissen, wie viele gerettet werden, sondern es ist vielmehr wichtig zu wissen, was der Weg des Heils ist. Und so antwortet Jesus mit den Worten: „Bemüht euch mit allen Kräften, durch die enge Tür zu gelangen; denn viele, sage ich euch, werden versuchen hineinzukommen, aber es wird ihnen nicht gelingen" (V. 24). Was will Jesus sagen? Was ist das für eine Tür, durch die wir eintreten müssen? Und warum spricht Jesus von einer engen Tür?

Die Tür, die Jesus ist, ist nie verschlossen, sie ist immer und für alle offen.

Das Bild der Tür kommt verschiedene Male im Evangelium vor und ruft die Tür des Hauses in Erinnerung, des Zuhauses, wo wir Sicherheit, Liebe, Wärme finden. Jesus sagt uns, dass es eine Tür gibt, die uns in die Familie Gottes eintreten lässt, in die Wärme des Hauses Gottes, der Gemeinschaft mit ihm. Diese Tür ist Jesus selbst (vgl. *Joh* 10,9). Er ist die Tür. Er ist der Zugang zum Heil. Er führt uns zum Vater. Und die Tür, die Jesus ist, ist nie verschlossen, diese Tür ist nie verschlossen, sie ist immer und für alle offen, ohne Unterschiede, ohne jemanden auszuschließen, ohne Privilegien. Denn, wisst ihr, Jesus schließt niemanden aus. Jemand von euch mag mir vielleicht sagen: „Aber Pater, ich bin gewiss ausgeschlossen, weil ich ein großer Sünder bin: ich habe hässliche Dinge getan, viele habe ich getan im Leben." Nein, du bist nicht ausgeschlossen!

Genau aus diesem Grund bist du der Bevorzugte, weil Jesus den Sünder vorzieht, immer, um ihm zu vergeben, um ihn zu lieben. Jesus erwartet dich, um dich zu umarmen, um dir zu vergeben. Hab keine Angst: er erwartet dich. Lebe auf, schöpfe Mut, um durch seine Tür einzutreten. Alle sind eingeladen, durch diese Tür zu gehen, durch die Tür des Glaubens zu gehen, in sein Leben einzutreten und ihn in unser Leben eintreten zu lassen, damit er es verwandle, erneuere, ihm erfüllte und dauerhafte Freude schenke.

Heutzutage gehen wir an so vielen Türen vorbei, die einladen hineinzugehen und die ein Glück versprechen, von dem wir dann merken, dass es nur einen flüchtigen Augenblick dauert, dass es sich in sich selbst erschöpft und keine Zukunft hat. Doch ich frage euch: wir – durch welche Tür wollen wir eintreten? Und wen wollen wir durch die Tür unseres Lebens eintreten lassen?

Denn Jesus erhellt unser Leben mit einem Licht, das nicht mehr verlischt.

Ich möchte es kraftvoll sagen: Haben wir keine Angst, durch die Tür des Glaubens an Jesus zu gehen, ihn immer mehr in unser Leben eintreten zu lassen, aus unseren Egoismen herauszugehen, aus unserer Verschlossenheit, aus unserer Gleichgültigkeit gegenüber den anderen. Denn Jesus erhellt unser Leben mit einem Licht, das nicht mehr verlischt. Es ist kein Feuerwerk, es ist kein Lichtblitz! Nein, es ist ein ruhiges Licht, das für immer dauert und uns Frieden schenkt. So ist das Licht, auf das wir treffen, wenn wir durch die Tür Jesu hineingehen.

Gewiss, die Tür Jesu ist eng, nicht aber weil sie eine Folterkammer wäre. Nein, nicht deshalb! Sondern weil er uns auffordert, ihm unser Herz zu öffnen, uns als Sünder zu erkennen, die des Heils, seiner Vergebung, seiner Liebe bedürfen, die Demut zu haben, seine Barmherzigkeit anzunehmen und uns von ihm erneuern zu lassen. Im Evangelium sagt uns Jesus, dass Christsein nicht heißt, ein „Etikett" zu haben! Ich frage euch: seid ihr Etikettenchristen oder Christen in Wahrheit? Ein jeder soll sich in seinem Innern die Antwort geben! Niemals Etikettenchristen! Christen in Wahrheit, aus dem Herzen. Christsein heißt, den Glauben im Gebet, in den Werken der Nächstenliebe, in der Förderung der Gerechtigkeit, im

Tun des Guten zu leben und zu bezeugen. Durch die enge Tür, die Christus ist, muss unser ganzes Leben gehen.
Die Jungfrau Maria, Pforte des Himmels, bitten wir, dass sie uns helfe, durch die Tür des Glaubens hindurchzugehen, es zuzulassen, dass ihr Sohn unser Dasein verwandelt, wie er das ihre verwandelt hat, um allen die Freude des Evangeliums zu bringen.

Papst Franziskus: Angelus vom 25. August 2013

Mahnung zur Bescheidenheit (Lk 14,7–14)

Von den rechten Gästen (Lk 14,12–14)

Im Evangelium *Lk* 14,1.7–14 begegnen wir Jesus, der in das Haus eines führenden Pharisäers zum Essen kommt. Als er bemerkte, wie sich die Gäste die Ehrenplätze aussuchten, erzählte er ein Gleichnis, das bei einem Hochzeitsmahl spielt. „Wenn du zu einer Hochzeit eingeladen bist, such dir nicht den Ehrenplatz aus. Denn es könnte ein anderer eingeladen sein, der vornehmer ist als du, und dann würde der Gastgeber, der dich und ihn eingeladen hat, kommen und zu dir sagen: ‚Mach diesem hier Platz!' [...] Wenn du also eingeladen bist, setz dich lieber [...] auf den untersten Platz" (*Lk* 14,8–10). Der Herr hat nicht die Absicht, eine Lehre bezüglich der Etikette oder Rangordnung unter den verschiedenen Obrigkeiten zu erteilen. Er unterstreicht vielmehr einen entscheidenden Punkt, der in der Demut liegt: „Wer sich selbst erhöht, wird erniedrigt, und wer sich selbst erniedrigt, wird erhöht werden" (*Lk* 14,11). In einem tieferen Sinn lässt dieses Gleichnis auch an die Stellung des Menschen in seiner Beziehung zu Gott denken. Der „letzte Platz" kann nämlich den Zustand der durch die Sünde entwürdigten Menschheit darstellen, einen Zustand, aus dem allein die Menschwerdung des eingeborenen Sohnes erheben kann. Aus diesem Grund hat Christus „den letzten Platz in der Welt – das Kreuz – eingenommen, und gerade mit dieser radikalen Demut hat er uns erlöst und hilft uns fortwährend" (Deus caritas est, 35).

„Wer sich selbst erhöht, wird erniedrigt, und wer sich selbst erniedrigt, wird erhöht werden." (*Lk* 14,11)

Am Schluss des Gleichnisses gibt Jesus dem führenden Pharisäer den Rat, an seinen Tisch nicht die Freunde, Verwandten oder reichen Nachbarn zu laden, sondern die Armen und Ausgegrenzten, die es nicht vergelten können (vgl. *Lk* 14,13–14), damit das Geschenk unentgeltlich sei. Den wahren Lohn wird nämlich am Ende Gott geben, denn „Gott regiert die Welt... Wir dienen ihm nur, soweit wir können und er uns die Kraft dazu gibt" (Deus caritas est, 35). Erneut also schauen wir auf Christus als Vorbild der Demut und Unentgeltlichkeit: Von ihm lernen wir die Geduld in den Versuchungen, die Milde in den Beleidigungen, den Gehorsam gegenüber Gott im Leiden, in der Erwartung, dass der, der uns eingeladen hat, zu uns sagt: „Mein Freund, rück weiter hinauf!" (*Lk* 14,10); denn das wahre Gut liegt darin, ihm nahe zu sein. Der hl. Ludwig IX., König von Frankreich, [...] hat das in die Tat umgesetzt, was im Buch Jesus Sirach geschrieben steht: „Je größer du bist, umso mehr bescheide dich, dann wirst du Gnade finden bei Gott" (3,18). So schrieb er in seinem „Geistlichen Vermächtnis an den Sohn": „Wenn dir der Herr Wohlstand geben wird, so sollst du ihm nicht nur demütig danken; sei vielmehr wohl darauf bedacht, nicht aus Eitelkeit oder auf irgendeine andere Weise schlechter zu werden, das heißt: Sei darauf bedacht, nicht mit Gott in Zwiespalt zu geraten oder ihn mit seinen eigenen Gaben zu beleidigen" (Acta Sanctorum Augusti 5 [1868], 546). [...]

„Gott regiert die Welt ... Wir dienen ihm nur, soweit wir können und er uns die Kraft dazu gibt." (Deus caritas est, 35)

Der Demütige lässt sich von der göttlichen Weisheit belehren und richtet seinen Blick auf Gott und sucht die Wahrheit in allen Dingen. Er strebt auch nach der Schönheit eines authentischen Lebens. [...]

Vor Gott zählt nicht das menschlich Große, sondern das Geringe, das Verachtete. Nicht die Selbstherrlichkeit macht den Menschen groß, sondern das Leben nach Gottes Willen und die Gemeinschaft mit ihm. [...] [Die Demut] besteht darin, den eigenen Platz in der Gesellschaft und in den Plänen Gottes zu erkennen. „Je größer du bist, um so mehr bescheide dich, dann wirst du Gnade finden bei Gott. Denn groß ist die Macht Gottes." Die Übung der Tugend der Demut möge uns den Menschen und Gott näher bringen.

Papst Benedikt XVI.: Angelus vom 29. August 2010

Vom Ernst der Nachfolge (Lk 14,25–33)

Das Werk Jesu ist gerade ein Werk der Barmherzigkeit, der Vergebung, der Liebe!

Im [...] Evangelium betont Jesus die Bedingungen, um seine Jünger zu sein: nichts der Liebe zu ihm voranstellen, sein Kreuz tragen und ihm nachfolgen. Viele Menschen nämlich näherten sich Jesus, sie wollten zu seinen Jüngern gehören; und dies geschah besonders nach einem wunderbaren Zeichen, das ihn als den Messias, den König Israels bestätigte. Doch Jesus will niemanden falsche Hoffnungen machen. Er weiß genau, was ihn in Jerusalem erwartet, welcher der Weg ist, den er nach dem Willen des Vaters gehen soll: es ist der Weg des Kreuzes, des Opfers seiner selbst für die Vergebung unserer Sünden. Jesus nachfolgen heißt nicht, an einem Triumphzug teilzunehmen! Es heißt, seine barmherzige Liebe zu teilen, in sein großes Werk der Barmherzigkeit für jeden Menschen und für alle Menschen einzutreten. Das Werk Jesu ist gerade ein Werk der Barmherzigkeit, der Vergebung, der Liebe! Jesus ist so barmherzig! Und diese universale Vergebung, diese Barmherzigkeit, geht über das Kreuz. Jesus will dieses Werk nicht allein vollbringen: er will auch uns in die Sendung mit einbeziehen, die ihm der Vater anvertraut hat. Nach der Auferstehung wird er zu seinen Jüngern sagen: „Wie mich der Vater gesandt hat, so sende ich euch ... Wem ihr die Sünden vergebt, dem sind sie vergeben" (*Joh* 20,21.23). Der Jünger Jesu verzichtet auf alle Güter, weil er in ihm das höchste Gut gefunden hat, in dem jedes andere Gut seinen vollen Wert und Sinn empfängt: die Familienbande, die anderen

Beziehungen, die Arbeit, die kulturellen und wirtschaftlichen Güter und so weiter... Der Christ nimmt von allem Abstand und findet alles in der Logik des Evangeliums wieder, in der Logik der Liebe und des Dienstes.

Um dieses Erfordernis zu erklären, benutzt Jesus zwei Gleichnisse: das des zu erbauenden Turms und das Gleichnis vom König, der in den Krieg zieht. Dieses zweite Gleichnis lautet so: „Wenn ein König gegen einen anderen in den Krieg zieht, setzt er sich dann nicht zuerst hin und überlegt, ob er sich mit seinen zehntausend Mann dem entgegenstellen kann, der mit zwanzigtausend gegen ihn anrückt? Kann er es nicht, dann schickt er eine Gesandtschaft, so lange der andere noch weit weg ist, und bittet um Frieden" (*Lk* 14,31–32). Hier will sich Jesus nicht mit dem Thema des Krieges auseinandersetzen, es ist nur ein Gleichnis. Doch in diesem Moment, in dem wir eindringlich für den Frieden beten, macht uns dieses Wort des Herrn sehr betroffen, und im Grund sagt er uns: es gibt einen tieferen Krieg, in den wir ziehen müssen, alle! Es handelt sich um die starke und mutige Entscheidung, auf das Böse und dessen Versuchungen zu verzichten und das Gute zu wählen, in der Bereitschaft, persönlich dafür einzustehen: das heißt es, Christus nachzufolgen, das heißt es, sein Kreuz zu tragen! Dieser tiefe Krieg gegen das Böse! Was nützt es, Kriege zu führen, viele Kriege, wenn du nicht fähig bist, in diesen tiefen Krieg gegen das Böse zu ziehen? Es nützt nichts! Das geht nicht... Das bringt es unter anderem mit sich, dieser Krieg gegen das Böse bringt es mit sich, nein zum brudermörderischen Hass und zur Lüge zu sagen,

Der Christ nimmt von allem Abstand und findet alles in der Logik des Evangeliums wieder.

deren er sich bedient; nein zu sagen zur Gewalt in all ihren Formen; nein zu sagen zur Verbreitung von Waffen und zu deren illegalem Handel. Es gibt so viel davon! Es gibt so viel davon! Und immer bleibt da der Zweifel: dieser Krieg hier, der andere da – denn überall gibt es Kriege –, ist das wirklich ein Krieg aufgrund von Problemen oder ist es ein kommerzieller Krieg, um diese Waffen durch illegalen Handel zu verkaufen? Das sind die Feinde, die es zu besiegen gilt, vereint und konsequent, ohne andere Interessen zu verfolgen als jene des Friedens und des Gemeinwohls.

Christus nachzufolgen, das heißt es, sein Kreuz zu tragen!

Papst Franziskus: Angelus vom 8. September 2013

Das Gleichnis vom verlorenen Sohn (Lk 15,11–32)

Das 15. Kapitel des Lukasevangeliums enthält die drei Gleichnisse der Barmherzigkeit: das Gleichnis vom verlorenen Schaf, jenes vom verlorenen Geldstück und dann das längste aller Gleichnisse, das charakteristisch für Lukas ist, das Gleichnis vom Vater und den beiden Söhnen, dem „verlorenen" Sohn und dem Sohn, der sich für „gerecht" hält, der sich „heilig" wähnt. Alle drei Gleichnisse sprechen von der Freude Gottes. Gott freut sich. Interessant ist das: Gott freut sich!
Und worin besteht die Freude Gottes? Die Freude Got-

tes ist das Vergeben, die Freude Gottes besteht darin, zu vergeben! Es ist die Freude eines Hirten, der sein Schaf wiederfindet; die Freude einer Frau, die ihr Geldstück wiederfindet; es ist die Freude eines Vaters, der den Sohn im Haus aufnimmt, der verloren war, der wie gestorben war und zum Leben zurückgekehrt ist, der nach Hause zurückgekehrt ist. Hier ist das ganze Evangelium! Hier! Hier ist das ganze Evangelium, hier ist das ganze Christentum! Aber aufgepasst, das ist kein Gefühl, das ist kein „Gutmenschentum“!

Die Freude Gottes? Die Freude Gottes ist das Vergeben, die Freude Gottes besteht darin, zu vergeben!

Im Gegenteil, die Barmherzigkeit ist die wahre Kraft, die den Menschen und die Welt vor dem „Krebsgeschwür“ retten kann, das die Sünde ist, das moralische Übel, das geistliche Übel. Allein die Liebe erfüllt die Leere, die negativen Abgründe, die das Böse im Herzen und in der Geschichte aufreißt. Allein die Liebe vermag dies, und das ist die Freude Gottes!

Jesus ist ganz Barmherzigkeit, Jesus ist ganz Liebe: er ist der menschgewordene Gott. Jeder von uns, jeder von uns ist jenes verlorene Schaf, jenes verlorene Geldstück; jeder von uns ist jener Sohn, der seine Freiheit vergeudet hat, falschen Götzen, Blendwerken des Glücks, gefolgt ist und alles verloren hat. Doch Gott vergisst uns nicht, der Vater verlässt uns nie. Er ist ein geduldiger Vater, er erwartet uns immer! Er respektiert unsere Freiheit, doch er bleibt immer treu. Und wenn wir zu ihm zurückkehren, nimmt er uns in seinem Haus wie Kinder auf, da er niemals aufhört, auch nicht einen Augenblick, uns voll Liebe zu erwarten. Und sein Herz feiert ein Fest für jedes Kind, das zurückkehrt. Es feiert ein Fest, weil es eine Freude ist.

Gott hat diese Freude, wenn einer von uns Sündern zu ihm geht und um seine Vergebung bittet.
Was ist die Gefahr? Die Gefahr besteht darin, dass wir uns für gerecht halten und über die anderen urteilen. Wir urteilen auch über Gott, weil wir denken, dass er die Sünder züchtigen, zum Tod verurteilen sollte, statt ihnen zu vergeben. Ja, dann laufen wir Gefahr, draußen vor dem Haus des Vaters zu bleiben! Wie jener ältere Bruder des Gleichnisses, der statt zufrieden zu sein, weil der Bruder zurückgekehrt ist, zornig auf den Vater ist, der ihn aufgenommen hat und ein Fest feiert.

Jesus ist ganz Liebe: Er ist der menschgewordene Gott.

Wenn in unserem Herzen keine Barmherzigkeit ist, keine Freude der Vergebung, sind wir nicht in Gemeinschaft mit Gott, selbst wenn wir alle Gebote befolgen, denn es ist die Liebe, die rettet, nicht allein die Befolgung der Gebote. Es ist die Liebe zu Gott und zum Nächsten, die alle Gebote erfüllt. Und das ist die Liebe Gottes, seine Freude: vergeben. Er erwartet uns immer! Vielleicht trägt da jemand in seinem Herzen etwas Schweres: „Aber ich habe das getan, ich habe jenes getan." Er erwartet dich! Er ist Vater: Immer erwartet er uns!
Wenn wir nach dem Gesetz „Auge um Auge, Zahn um Zahn" leben, dann kommen wir nie aus der Spirale des Bösen heraus. Der Teufel ist schlau und macht uns vor, dass wir mit unserer menschlichen Gerechtigkeit uns und die Welt retten können. In Wirklichkeit kann uns allein die Gerechtigkeit Gottes retten! Und die Gerechtigkeit Gottes hat sich am Kreuz offenbart: das Kreuz ist das Urteil Gottes über uns alle und über diese Welt. Wie aber urteilt Gott über uns? Indem er sein Leben für uns hingibt! Ja, das ist der höchste Akt der Gerechtigkeit, der ein

für alle Mal den Fürsten dieser Welt besiegt hat; und dieser höchste Akt der Gerechtigkeit ist gerade auch der höchste Akt der Barmherzigkeit. Jesus ruft uns alle, diesem Weg zu folgen: „Seid barmherzig, wie es auch euer Vater ist!" (*Lk* 6,36). Ich bitte euch um etwas, jetzt. In Stille wollen wir alle nachdenken, jeder denke an einen Menschen, mit dem wir nicht gut stehen, auf den wir zornig sind, den wir nicht gern haben. Denken wir an jenen Menschen und beten wir in Stille, in diesem Augenblick, für diese Person und werden wir barmherzig gegenüber diesem Menschen.

Es ist die Liebe zu Gott und zum Nächsten, die alle Gebote erfüllt.

Papst Franziskus: Angelus vom 15. September 2013

In diesem Evangelium treten drei Personen auf: Der Vater und die beiden Söhne. Aber hinter diesen Personen kommen zwei recht verschiedene Lebensentwürfe zum Vorschein. Beide Söhne leben in Frieden, sind sehr wohlhabende Landwirte, haben daher genug zum Leben, ihre Produkte verkaufen sich gut, es scheint ein gutes Leben zu sein.
Dennoch findet der jüngere Sohn mit der Zeit dieses Leben langweilig, unbefriedigend: Das – denkt er – kann nicht das ganze Leben sein: Tagtäglich aufstehen, wahrscheinlich um 6 Uhr früh, dann, wie es die Tradition Israels verlangt, ein Gebet sprechen, eine Lesung aus der Bibel, dann an die Arbeit gehen und am Ende des Tages wieder ein Gebet. So geht es Tag für Tag. Er denkt: Nein, das Leben ist mehr, ich muss ein anderes Leben finden,

in dem ich wirklich frei bin, tun kann, was mir gefällt; ein Leben, frei von dieser Disziplin und von diesen Regeln der Gebote Gottes, der Anordnungen des Vaters; ich möchte allein ich selbst sein und das ganze Leben, mit allen seinen Schönheiten, vollständig für mich haben. Jetzt hingegen ist das Leben nur Arbeit [...]

„Er war verloren und ist wieder gefunden worden." (*Lk* 15,32)

Und so beschließt er, sein ganzes Vermögen zu nehmen und fortzugehen. Der Vater ist sehr respektvoll und großzügig und respektiert die Freiheit des Sohnes: Er muss seinen Lebensentwurf selbst finden. Und der Sohn zieht fort in ein fernes Land, wie es im Evangelium heißt. Wahrscheinlich fern in geografischer Hinsicht, weil er eine Veränderung sucht, aber auch innerlich fern, weil er ein völlig anderes Leben haben will. Seine Vorstellung ist jetzt: Freiheit, tun, was ich tun will, nicht diese Gebote eines fernen Gottes kennen, nicht im Gefängnis dieser häuslichen Disziplin leben, tun, was schön ist, was mir gefällt, das Leben in seiner ganzen Schönheit und Fülle besitzen.

Und zuerst – wir könnten vielleicht annehmen, für einige Monate – geht alles glatt: Er findet es schön, endlich zum Leben gelangt zu sein, er fühlt sich glücklich. Aber dann empfindet er mit der Zeit auch hier die Langeweile, auch hier ist es immer dasselbe. Und am Ende macht sich da eine immer unheimlichere Leere bemerkbar; immer stärker wächst das Gefühl, dass dies noch nicht das Leben ist; ja, je länger diese ganze Situation andauert, umso weiter entfernt sich das Leben. Alles wird leer: Auch jetzt stellt sich wieder die Sklaverei ein, immer dasselbe tun zu müssen. Und am Ende ist auch das Geld aufgebraucht, und der junge Mann findet, dass sein Lebensniveau unter dem der Schweine liegt.

Nun beginnt er nachzudenken und fragt sich, ob das wirklich der Weg des Lebens war: eine Freiheit, die von ihm in dem Sinn ausgelegt wurde, zu tun, was er will, und das Leben nur für sich allein zu leben; oder ob das Leben stattdessen nicht vielleicht eher darin bestünde, für die anderen zu leben, zum Aufbau der Welt und zum Wachstum der menschlichen Gemeinschaft beizutragen [...] So beginnt für ihn der neue Weg, ein innerer Weg. Der junge Mann denkt nach und erwägt alle diese neuen Aspekte des Problems und beginnt zu sehen, dass er zu Hause viel freier war, da auch er Besitzer war, zum Aufbau des Hauses und der Gesellschaft in Gemeinschaft mit dem Schöpfer beitrug, den Zweck seines Lebens kannte und den Plan erahnte, den Gott für ihn hatte. Auf diesem inneren Weg, in diesem Heranreifen eines neuen Lebensplanes erlebt der jüngere Sohn dann auch den äußeren Weg und bricht auf, um zurückzukehren, um mit seinem Leben neu zu beginnen, denn er hatte nunmehr begriffen, dass er mit dem Weg, den er eingeschlagen hatte, auf dem falschen Gleis war. Er sagte sich: Ich muss neu starten, mit einem anderen Konzept, ich muss neu anfangen.

Gott ist der barmherzige Vater, der uns in Jesus über alle Maßen liebt.

Er kommt zum Haus des Vaters, der ihm seine Freiheit gelassen hatte, um ihm die Möglichkeit zu geben, innerlich zu verstehen, was es heißt, zu leben und nicht zu leben. Der Vater umarmt ihn mit seiner ganzen Liebe und lässt für ihn ein Fest vorbereiten; mit diesem Fest kann sein Leben neu beginnen. Der Sohn begreift, dass gerade die Arbeit, die Demut, die Disziplin eines jeden Tages das echte Fest und die echte Freiheit hervorbringen. So kehrt er innerlich gereift und geläutert nach

Hause zurück: Er hat verstanden, was es bedeutet zu leben. Sicherlich wird auch in Zukunft sein Leben nicht leicht sein, die Versuchungen werden wieder auftauchen, aber er ist sich jetzt voll dessen bewusst, dass ein Leben ohne Gott nicht funktioniert: Ohne Gott fehlt das Wesentliche, fehlt das Licht, fehlt der Grund, fehlt der große Sinn des Menschseins. Er hat verstanden, dass wir Gott nur aus seinem Wort erkennen können. (Wir Christen können hinzufügen, dass wir von Jesus wissen, wer Gott ist, denn in Jesus hat sich uns wirklich das Antlitz Gottes gezeigt.) Der junge Mann erkennt, dass Gottes Gebote keine Hindernisse für die Freiheit und für ein schönes Leben darstellen, sondern den Weg anzeigen, den man gehen muss, um das Leben zu finden. Er sieht ein, dass auch die Arbeit, die Disziplin, der Einsatz nicht für sich selbst, sondern für die anderen das Leben reicher werden lassen. Und gerade diese Mühe, sich in der Arbeit einzusetzen, verleiht dem Leben Tiefe, weil man die Befriedigung darüber erfährt, zum Wachstum dieser Welt, die freier und schöner wird, beigetragen zu haben.

Der Mensch ist: keine „Monade“, kein isoliertes Wesen, das nur für sich allein lebt.

Ich möchte jetzt nicht über den anderen Sohn, der zu Hause geblieben ist, sprechen. Aber an seiner Reaktion des Neides sehen wir: Auch er träumte innerlich davon, dass es vielleicht viel besser wäre, sich alle Freiheiten zu nehmen. Auch er muss innerlich „nach Hause zurückkehren“ und neu begreifen, was das Leben ist, begreifen, dass man nur mit Gott, mit seinem Wort, in der Gemeinschaft der eigenen Familie und der Arbeit, in der Gemeinschaft der großen Familie Gottes wirklich lebt. Ich möchte jetzt nicht auf diese Details eingehen: Lassen wir es zu, dass jeder von uns seine Weise hat, dieses

Evangelium auf sich anzuwenden. Unsere Situationen sind verschieden, und ein jeder hat seine Welt. Das schließt nicht aus, dass es uns alle angeht und alle durch unseren inneren Weg in die Tiefe des Evangeliums eintreten können.

Nur noch ein paar kleine Bemerkungen. Das Evangelium hilft uns zu verstehen, wer Gott wirklich ist: Er ist der barmherzige Vater, der uns in Jesus über alle Maßen liebt. Die Fehler, die wir begehen, und seien es auch schwere Fehler, greifen die Treue seiner Liebe nicht an. Im Bußsakrament können wir mit unserem Leben immer wieder neu anfangen: Er nimmt uns an, er gibt uns die Würde seiner Kinder zurück. Entdecken wir also wieder dieses Sakrament der Vergebung, das die Freude aufsprudeln lässt in einem Herzen, das wiedergeboren ist zum wahren Leben.

Die Freiheit ist ein Sprungbrett, um in das unendliche Meer der göttlichen Güte hineinzuspringen.

Außerdem hilft uns dieses Gleichnis zu begreifen, wer der Mensch ist: Er ist keine „Monade“, kein isoliertes Wesen, das nur für sich allein lebt und das Leben nur für sich selbst haben soll. Im Gegenteil, wir leben mit den anderen, wir sind zusammen mit den anderen erschaffen und nur darin, dass wir bei den anderen sind, uns den anderen hingeben, finden wir das Leben. Der Mensch ist ein Geschöpf, dem Gott sein Bild aufgeprägt hat, ein Geschöpf, das in den Horizont seiner Gnade hineingezogen wird; aber er ist auch ein schwaches Geschöpf und dem Bösen ausgesetzt; er ist jedoch auch zum Guten fähig. Und schließlich ist der Mensch eine freie Person. Wir müssen begreifen, was Freiheit ist und was bloß der Schein von Freiheit ist. Die Freiheit, so könnten wir sagen, ist ein Sprungbrett, um in das unendliche Meer der göttlichen Güte hineinzuspringen; sie kann aber auch zu einer schiefen Ebene werden, auf der wir zum Abgrund der Sünde und des Bösen hin abrutschen und damit auch die Freiheit und unsere Würde verlieren.

Papst Benedikt XVI.: Predigt vom 18. März 2007

Das Gleichnis vom klugen Verwalter (Lk 16,1–8)

[Das Gleichnis ruft] ein gewisses Erstaunen hervor [...], da von einem unehrlichen Verwalter die Rede ist, der gelobt wird (vgl. *Lk* 16,1–13), bei näherem Hinsehen eine ernsthafte und umso heilsamere Lehre. Wie immer geht der Herr von Ereignissen des alltäglichen Lebens aus: er erzählt von einem Verwalter, dem es aufgrund der unehrlichen Führung der Geschäfte seines Herrn bevorsteht, entlassen zu werden, und der – um sich die Zukunft zu sichern – mit Schlauheit versucht, sich mit den Schuldnern zu einigen. Gewiss ist er ein unehrlicher, aber listiger Mann: das Evangelium stellt ihn uns nicht als ein Vorbild vor, dem in seiner Unehrlichkeit zu folgen wäre, sondern als ein Beispiel, das wegen seiner vorausschauenden Klugheit nachzuahmen ist. Das kurze Gleichnis schließt in der Tat mit den Worten: „Und der Herr lobte die Klugheit des unehrlichen Verwalters" (*Lk* 16,8).

Was will uns Jesus mit diesem Gleichnis sagen? Mit diesem überraschenden Schluss? Dem Gleichnis des untreuen Verwalters lässt der Evangelist eine kurze Reihe von Aussprüchen und Ermahnungen hinsichtlich der Beziehung folgen, die wir zum Geld und zu den Gütern dieser Welt haben sollen. Es sind dies kleine Sätze, die zu einer Entscheidung einladen, die einen radikalen Entschluss voraussetzt, eine stete innere Ausrichtung. Das Leben ist in Wahrheit immer eine Entscheidung: zwischen Ehrlichkeit und Unehrlichkeit, Treue und Untreue, Egoismus und Altruismus, Gut und Böse. Einschneidend und unumstößlich lautet der Schluss des Abschnitts aus dem Evangelium: „Kein Sklave kann zwei Herren dienen; er wird entweder den einen hassen und den andern lieben, oder er wird zu dem einen halten und den andern verachten." Schließlich, sagt Jesus, muss man sich entscheiden: „Ihr könnt nicht beiden dienen, Gott und dem Mammon" (*Lk* 16,13). Mammon ist ein Begriff phönizischer Herkunft, der wirtschaftliche Sicherheit und Erfolg in den Geschäften wachruft; wir könnten sagen, dass im Reichtum das Götzenbild angezeigt ist, dem alles geopfert wird, nur um den eigenen materiellen Erfolg zu erreichen, und so wird dieser wirtschaftliche Erfolg zum wahren Gott eines Menschen. Es ist also eine Grundentscheidung zwischen Gott und dem Mammon notwendig – es ist die Entscheidung zwischen der Logik des Profits als letztes Kriterium unseres Handelns und der Logik des Teilens und der Solidarität notwendig. Wenn die Logik des Profits die Oberhand gewinnt, so vermehrt sie das Missverhältnis zwischen Reich und Arm sowie die zerstörerische Ausbeutung des Planeten. Wenn hingegen die Logik des Teilens und der Solidarität überwiegt, ist es möglich, den Kurs zu korrigieren und ihn auf eine gerechte Entwicklung auszurichten, zum gemeinsamen Wohl aller. Im

Das Leben ist in Wahrheit immer eine Entscheidung.

Grunde handelt es sich um die Entscheidung zwischen dem Egoismus und der Liebe, zwischen der Gerechtigkeit und der Unehrlichkeit, schließlich zwischen Gott und Satan. Wenn die Liebe zu Christus und den Brüdern nicht als etwas Nebensächliches und Oberflächliches angesehen wird, sondern vielmehr als der wahre und letzte Zweck unserer ganzen Existenz, muss man es verstehen, Grundsatzentscheidungen zu fällen, bereit zu sein zu radikalen Verzichten, wenn notwendig bis hin zum Martyrium. Heute wie gestern erfordert das Leben des Christen den Mut, gegen den Strom zu schwimmen, wie Jesus zu lieben, der bis zum Opfer seiner selbst am Kreuz gegangen ist.

Heute wie gestern erfordert das Leben des Christen den Mut, gegen den Strom zu schwimmen.

Wir könnten also in Anlehnung an eine Betrachtung des hl. Augustinus sagen, dass wir uns durch die irdischen Reichtümer die wahren und ewigen Reichtümer erwerben müssen: wenn es nämlich Leute gibt, die zu jeglicher Art von Unehrlichkeit bereit sind, nur um sich einen materiellen, wenngleich immer ungewissen Reichtum zu sichern, umso mehr müssten da wir Christen uns darum kümmern, für unser ewiges Glück mit den Gütern dieser Erde vorzusorgen (vgl. Sermones 359,10). Nun, die einzige Weise, um unsere Begabung und unsere persönlichen Fähigkeiten wie auch die Reichtümer, die wir besitzen, für die Ewigkeit fruchtbar werden zu lassen, besteht darin, sie mit den Brüdern zu teilen und uns so als gute Verwalter dessen zu erweisen, was Gott uns anvertraut. Jesus sagt: „Wer in den kleinsten Dingen zuverlässig ist, der ist es auch in den großen, und wer bei den kleinsten Dingen Unrecht tut, der tut es auch bei den großen" (*Lk* 16,10).

Papst Benedikt XVI.: Predigt vom 23. September 2007

Korrupte Verwalter, die „der Göttin Schmiergeld ergeben sind“, „versündigen sich schwer gegen die Würde“ und geben ihren Kindern „schmutziges Brot“ zu essen: Auf diese „weltliche Schlauheit“ solle man mit „christlicher Schläue“ antworten, die „eine Gabe des Heiligen Geistes“ sei. Das sagte Papst Franziskus in seiner Predigt bei der Frühmesse, die er am Freitag, 8. November, in der Kapelle des Gästehauses Santa Marta feierte. Er stellte eine Reflexion über die Gestalt des unehrlichen Verwalters an, der in der Schriftlesung aus dem Lukasevangelium (16,1-8) beschrieben wird.

„Und der Herr lobte die Klugheit.“ (*Lk* 16,8)

„Der Herr“, so sagte der Papst, „spricht wieder einmal über den Geist der Welt, der Weltlichkeit, zu uns: darüber, wie sich diese Weltlichkeit verhält und wie gefährlich sie ist. Und Jesus, er selbst, bat den Vater im Gebet nach dem Abendmahl des Gründonnerstags darum, dass seine Jünger nicht der Weltlichkeit verfielen“, dem Geist der Welt.

Die Weltlichkeit, so betonte der Papst, „ist der Feind“. Und gerade „die Atmosphäre, der Lebensstil“, die für die Weltlichkeit typisch sind, also „den Werten der Welt gemäß zu leben“, sind es, „die dem Teufel sehr gefallen“. Im Übrigen „denken wir, wenn wir an unseren Feind denken, zuallererst an den Teufel, denn gerade dieser ist es, der uns schadet.“

„Ein Beispiel für die Weltlichkeit“ ist der Verwalter, der in der Lesung aus dem Evangelium beschrieben wurde. „Manch einer von euch“, bemerkte der Papst, „mag vielleicht sagen: aber dieser Mann hat nur das getan, was doch alle tun.“ In Wirklichkeit „nicht alle!“; das sei vielmehr die Vorgehensweise „mancher Verwalter, der Geschäftsführer mancher Firmen, mancher Verwalter des Öffentlichen Dienstes, der Regierung.

Vielleicht sind es gar nicht viele.“ Kurz, „es ist ein bisschen jene Einstellung, dass man den kürzeren, bequemeren Weg einschlagen will, um sich den Lebensunterhalt zu verdienen.“ Das Evangelium berichte, dass „der Besitzer diesen unehrlichen Verwalter lobte“. Und das, so kommentierte der Papst, „ist ein Loblied auf das Schmiergeld. Die Gewohnheit, Schmiergeld zu zahlen, ist eine weltliche und äußerst sündige Gewohnheit.“ Mit Sicherheit aber sei es eine Gewohnheit, die nicht das Geringste mit Gott zu schaffen habe. Tatsächlich, so fuhr er fort, „hat Gott uns geboten: wir sollen unser Brot mit unserer ehrlichen Arbeit verdienen.“ Stattdessen „gab dieser Verwalter seinen Kindern schmutziges Brot zu essen. Und seine Kinder, die vielleicht in teuren Internaten erzogen wurden, die vielleicht in kultivierten Kreisen groß geworden sind, hatten von ihrem Vater Schmutz zu essen bekommen. Denn ihr Herr Papa hatte dadurch, dass er schmutziges Brot nach Hause gebracht hatte, seine Würde verloren. Und das ist eine große Sünde.“

Uns hat Gott geboten: wir sollen unser Brot mit unserer ehrlichen Arbeit verdienen.

Vielleicht, so führte der Papst aus, „beginnt es mit einem ganz kleinen Schmiergeld, aber das wirkt wie eine Droge“. Und selbst wenn das erste Schmiergeld „ganz niedrig ist, kommt dann das nächste und noch ein weiteres: und es endet dann mit der Krankheit der Abhängigkeit vom Schmiergeld.“ Wir haben es, so bekräftigte er, „mit einer sehr schweren Sünde zu tun, weil das gegen die Würde verstößt. Jene Würde, mit der wir durch unsere Arbeit gesalbt werden. Nicht mit dem Schmiergeld, nicht mit jener Abhängigkeit von der weltlichen Schlauheit. Wenn wir in den Zeitungen lesen, dass jemand über die Korruption schreibt, oder wenn jemand im Fernsehen davon spricht, dann denken wir vielleicht, dass die Korruption nur ein Wort ist. Korruption ist: sich sein Brot nicht auf würdige Art und Weise verdienen."

„Seid klug wie die Schlangen und ohne Falsch wie die Tauben." (vgl. *Mt* 10,16)

Es gebe allerdings auch einen anderen Weg, den der „christlichen Schlauheit", „in Anführungszeichen", sagte der Papst, der es ermöglicht, „die Dinge etwas auf die Schnelle zu tun, aber nicht im Geist der Weltlichkeit. Jesus selbst hat zu uns gesagt: Seid klug wie die Schlangen und ohne Falsch wie die Tauben." „Diese beiden Wirklichkeiten" zu kombinieren sei „eine Gnade" und „ein Geschenk des Heiligen Geistes".

Deshalb müssten wir den Herrn darum bitten, uns dazu fähig zu machen, „im Leben Ehrlichkeit zu üben, jene Ehrlichkeit, die uns dazu bringt, so zu arbeiten, wie man arbeiten soll, ohne in diese Dinge zu verfallen". Papst Franziskus betonte: „Diese christliche Schläue, die Klugheit der Schlange und das Ohne-Falsch-Sein der Taube, ist ein Geschenk, es ist eine Gnade, die der Herr uns gewährt. Aber wir müssen um sie bitten."

Papst Franziskus dachte auch an die Familien der unehrlichen Verwalter. Heute, so sagte er, tut es uns allen vielleicht ganz gut, für zahlreiche Kinder und Jugendliche zu beten, die von ihren Eltern schmutziges Brot bekommen. „Auch sie haben Hunger. Sie hungern nach Würde." Daher lud er ein, dafür „zu beten, dass der Herr die Herzen dieser der Göttin Schmiergeld ergebenen Menschen verwandle", damit sie verstünden, „dass die Würde von einer würdig geleisteten Arbeit herkommt, von der ehrlichen Arbeit, von der Arbeit jedes einzelnen Tages, und nicht von jenen leichteren Wegen, die eingeschlagen werden können und die uns am Ende alles nehmen."

Auch deshalb, so schloss er, weil die Gefahr bestehe, so zu enden wie die Person, von der das Evangelium berichte, „der sehr viele Kornspeicher, viele Silos hatte und nicht wusste, was er tun solle. Heute Nacht musst du sterben", sagte der Herr. Diese armen Menschen, die durch die Schmiergeldpraxis ihre Würde verloren haben, nehmen das Geld, das sie verdient haben, nicht mit, sondern nur den Verlust ihrer Würde.

Papst Franziskus: Frühmesse vom 8. November 2013

Das Beispiel vom reichen Mann und vom armen Lazarus (Lk 16,19–31)

[Das Lukasevangelium stellt uns] das Gleichnis vom reichen Mann und vom armen Lazarus vor (*Lk* 16,19–31). Der Reiche personifiziert den ungerechten Gebrauch des Reichtums durch den, der ihn für einen zügellosen und egoistischen Luxus verwendet und dabei nur an seine eigene Genugtuung denkt, ohne sich im Geringsten um den Bettler zu kümmern, der vor seiner Tür steht. Der Arme repräsentiert im Gegensatz dazu den Menschen, um den sich nur Gott kümmert: im Unterschied zum reichen Mann hat er einen Namen, Lazarus, eine Abkürzung für Eleasar, was heißt: „Gott hilft ihm." Wer von allen vergessen ist, den vergisst Gott nicht; wer in den Augen der Menschen nichts wert ist,

ist wertvoll in den Augen des Herrn. Der Bericht zeigt, wie die irdische Ungerechtigkeit von der göttlichen Gerechtigkeit umgestoßen wird: Nach dem Tod wird Lazarus „in Abrahams Schoß" aufgenommen, das heißt in die ewige Seligkeit; der reiche Mann hingegen endete „in der Unterwelt", „wo er qualvolle Schmerzen litt". Es handelt sich um einen neuen Stand der Dinge, gegen den keine Berufung einzulegen und der endgültig ist; somit muss man sich während des Lebens bessern, es nachher zu tun ist nutzlos.

Wer von allen vergessen ist, den vergisst Gott nicht; wer in den Augen der Menschen nichts wert ist, ist wertvoll in den Augen des Herrn.

Dieses Gleichnis kann auch unter sozialem Blickwinkel gelesen werden. Die von Papst Paul VI. [...] in der Enzyklika Populorum progressio gebotene Interpretation bleibt bezeichnend. Indem er vom Kampf gegen den Hunger sprach, schrieb er: „Es geht darum, eine Welt zu bauen, wo jeder Mensch [...] ein volles menschliches Leben führen kann [...] wo der arme Lazarus an derselben Tafel mit dem Reichen sitzen kann" (Nr. 47): Die zahlreichen Situationen des Elends – so ruft die Enzyklika in Erinnerung – werden einerseits „von Versklavung seitens der Menschen" und andererseits von „einer noch nicht hinreichend gebändigten Natur „verursacht" (ebd.). Leider leiden gewisse Bevölkerungen unter beiden Faktoren. [W]ir dürfen nicht so viele [...] Situationen humanitären Notstands in verschiedenen Regionen des Planeten vergessen, in denen die Kämpfe um die politische und wirtschaftliche Macht eine schon gravierende Umweltproblematik verschärfen. Der Appell, dem damals Paul VI. seine Stimme verlieh: „Die Völker, die Hunger leiden, bitten die Völker, die im Wohlstand leben, dringend und inständig um Hilfe" (Populorum progressio, 3), behält heute seine ganze Dringlichkeit bei. Wir können nicht sagen, dass wir den Weg, der einzuschlagen ist, nicht kennen: wir haben das Gesetz und die Propheten, sagt uns Jesus im Evangelium. Wer nicht auf sie hören will, würde sich nicht einmal dann ändern, wenn einer von den Toten aufersteht, um ihn zu ermahnen.

Papst Benedikt XVI.: Angelus vom 30. September 2007

Von der Macht des Glaubens (Lk 17,5–6)

„Wehe dem, der einen von diesen Kleinen zum Bösen verführt." (vgl. *Lk* 17,2)

Im Lukasevangelium 17,1–6 [ist] „von drei Dingen die Rede ist: vom Ärgernis, von der Vergebung und vom Glauben". Dies „sind drei Worte Jesu: vielleicht hat er sie nicht zusammen gesagt, im selben Augenblick, aber der Evangelist stellt sie zusammen." Sie bildeten den roten Faden für die Meditation des Papstes.

Der erste dieser Begriffe, mit dem sich der Papst auseinandersetzte, war „das Ärgernis". „Es beeindruckt mich", so gestand er, „wie Jesus seine Rede beendet." Denn nachdem er über das Ärgernis gesprochen habe, sage er: „Seht euch vor!" Er bediene sich starker Worte, um zu fordern, dass man „kein Ärgernis erregen" solle. Wie Lukas schreibt, sage er selbst, dass „es unvermeidlich ist, dass Verführungen kommen", er füge aber auch hinzu: „Aber wehe dem, der sie verschuldet!" Und noch eindeutiger: „Wehe dem, der einen von diesen Kleinen zum Bösen verführt: das Volk Gottes, Menschen mit schwachem Glauben, Kinder, alte Menschen, die ihr ganzes Leben geglaubt haben... Wehe dem, der sie verführt! Lieber tot sein!" Jesus richte diese eindringlichen Worte auch „an uns, die Christen". Und folglich „müssen wir uns diese Frage stellen: Errege ich Ärgernis?" Und zuerst: „Was ist ein Ärgernis?" Der Papst erläuterte in diesem Zusammenhang, dass ein Ärgernis „darin besteht, einen bestimmten Lebensstil vorzugeben und zu bekennen – ‚ich bin ein Christ' – und dann zu leben wie ein Heide, der an nichts glaubt". Und „das erregt Ärgernis, weil das Zeugnis fehlt: der bekannte Glaube ist gelebtes Leben."

Ich bin der erste, dem vergeben wurde. Und aus diesem Grund habe ich kein Recht, Vergebung zu verweigern.

Das zweite Wort aus dem Lukasevangelium laute „Vergebung". Jesus spreche im Evangelium „von der Vergebung und empfiehlt uns", so der Papst, „nicht müde zu werden, zu vergeben: immer zu vergeben. Und warum? Weil mir vergeben worden ist." In der Tat „bin ich der erste, dem vergeben wurde. Und aus diesem Grund habe ich kein Recht, Vergebung zu verweigern: Ich bin aufgrund der Vergebung, die mir selbst zuteil wurde, dazu gezwungen, den anderen Menschen zu vergeben." Man müsse also „vergeben: einmal, zweimal, dreimal, siebenundsiebzig Mal, immer! Auch an ein und demselben Tag." Und hier, so erklärte der Papst, habe Jesus in einem gewissen Sinne „übertrieben, um uns verständlich zu machen, wie wichtig die Vergebung ist". Denn „ein Christ, der nicht imstande ist zu vergeben, erregt Ärgernis: Er ist kein Christ." Deshalb müsse man zu ihm sagen, „um ihn ein wenig zu erschrecken: Wenn du außerstande bist, zu vergeben, dann bist du auch außerstande, selbst Gottes Vergebung zu empfangen." Kurzum, wir „müssen vergeben", weil uns selbst „vergeben" wurde. Diese Wahrheit „ist im Vaterunser enthalten: Jesus hat es uns dort gelehrt", so erinnerte der Papst. Sicher, so gab er zu, man könne diese Worte über die Vergebung „nicht mit Hilfe der menschlichen Logik verstehen". In der Tat „drängt dich die menschliche Logik dazu, nicht zu vergeben, sie drängt auf Rache; sie bringt dich dazu, zu hassen, sie führt zur Trennung." Und so sähen wir, „wie viele gespaltene Familien es gibt, weil sie einander nicht vergeben, wie viele Familien! Kinder, die sich von ihren Eltern entfernt haben, Mann und Frau, die sich voneinander entfernt haben..." Das sei also der Grund dafür, dass „es äußerst wichtig ist, so zu denken: Wenn ich nicht vergebe, dann habe ich anscheinend auch keinen Anspruch darauf, dass mir vergeben wird, oder aber ich habe nicht verstanden, was es bedeutet, dass mir der Herr vergeben hat."

„Stärke unseren Glauben!" (*Lk* 17,5)

Gewiss, so bekräftigte der Papst von Neuem, „man kann nachvollziehen, dass die Jünger, als sie diese Dinge hörten, zum Herrn gesagt haben: Stärke unseren Glauben!" Denn „ohne den Glauben ist es unmöglich, ein Leben zu führen, ohne Ärgernis zu erregen und beständig zu vergeben. Wir benötigten das „Licht des Glaubens, dieses Glaubens, den wir empfangen haben, des Glaubens an einen barmherzigen Vater, an einen Sohn, der sein Leben für uns hingegeben hat, an einen Heiligen Geist, der in uns wohnt und uns hilft zu wachsen, des Glaubens an die Kirche, des Glaubens an das getaufte und heilige Gottesvolk." Und „das ist ein Geschenk: Der Glaube ist ein Geschenk. Niemand", so Franziskus, „kann über Bücher,

über den Besuch von Vorträgen, zum Glauben kommen." Im Übrigen hätten die Apostel gerade weil „der Glaube ein Geschenk Gottes ist, das du erhältst, Jesus gebeten: ‚Stärke unseren Glauben!'"
Der Papst schloss mit der Anregung, gut „über diese drei Worte" nachzudenken: „das Ärgernis, die Vergebung und den Glauben". Im Hinblick auf das Ärgernis, so fasste er zusammen, genüge es, sich „nur an diese Worte Jesu" zu erinnern: „Seht euch vor! Und das ist gefährlich": In der Tat sei es besser, „mit einem Mühlstein um den Hals ins Meer geworfen zu werden", als Ärgernis zu erregen. Im Hinblick auf die Vergebung forderte der Papst auf, stets daran zu denken, dass uns als Erste vergeben wurde.

Papst Franziskus: Frühmesse vom 10. November 2014

Der dankbare Samariter (Lk 17,11–19)

Das Evangelium [...] zeigt uns Jesus, wie er zehn Aussätzige heilt, von denen nur einer, ein Samariter und somit ein Fremder, umkehrt, um ihm zu danken (vgl. *Lk* 17,11–19). Zu ihm sagt der Herr: „Steh auf und geh! Dein Glaube hat dir geholfen" (*Lk* 17,19). Dieser Abschnitt des Evangeliums lädt uns zu einer zweifachen Überlegung ein. Vor allem lässt er an zwei Stufen der Heilung denken: die eine und oberflächlichere betrifft den Leib; die andere und tiefere berührt das Innerste des Menschen – das, was die Bibel das „Herz" nennt –, und von dort aus strahlt sie auf das ganze Dasein aus. Die vollständige und radikale Heilung ist das „Heil“. Indem selbst die Umgangssprache zwischen „Gesundheit“ und „Heil“ unterscheidet, hilft sie uns zu verstehen, dass das Heil bedeutend mehr ist als die Gesundheit: Es ist nämlich ein neues, volles, endgültiges Leben. Darüber hinaus spricht Jesus hier wie zu anderen Gelegenheiten das Wort aus: „Dein Glaube hat dir geholfen.“ Es ist der Glaube, der den Menschen rettet, indem er ihn in seiner tiefen Beziehung zu Gott, zu sich selbst und zu den anderen wiederherstellt; und der Glaube kommt in der Dankbarkeit zum Ausdruck. Wer es wie der geheilte Samariter versteht zu danken, beweist, dass er nicht alles so ansieht, als hätte er einen Anspruch darauf, sondern als ein Geschenk, das auch, wenn es von den Menschen oder der Natur kommt, letztlich von Gott stammt. Der Glaube bringt also die Offenheit des Menschen für die Gnade Gottes mit sich; die Erkenntnis, dass alles Geschenk, dass alles Gnade ist. Welch großer Schatz birgt sich in einem kleinen Wort: „Danke!“

Es ist der Glaube, der den Menschen rettet, indem er ihn in seiner tiefen Beziehung zu Gott, zu sich selbst und zu den anderen wiederherstellt.

Jesus heilt zehn Menschen, die an Aussatz leiden, einer Krankheit, die damals als eine „ansteckende Unreinheit“ galt, die eine rituelle Reinigung erforderte (Lev 14,1–37). Der Aussatz, der wirklich den Menschen und die Gesellschaft entstellt, ist in Wahrheit die Sünde; es sind der Stolz und der Egoismus, die im Herzen des Menschen Gleichgültigkeit, Hass und Gewalt erzeugen. Diesen Aussatz des Geistes, der das Antlitz der Menschheit verunstaltet, kann niemand heilen, es sei denn Gott, der die Liebe ist. Wenn der Mensch, der umkehrt, sein Herz Gott öffnet, dann wird er in seinem Innern vom Übel geheilt.

Papst Benedikt XVI.: Angelus vom 14. Oktober 2007

Vom Kommen des Menschensohnes (Lk 17,22–25)

In der Schriftlesung aus dem Lukasevangelium (17,20–25), sagte Papst Franziskus, „haben wir es mit einem anderen Geist zu tun, der jenem der Weisheit diametral entgegengesetzt ist: dem Geist der Neugier. Das geschieht, wenn wir uns der Pläne Gottes bemächtigen wollen, der Zukunft, der Dinge, wenn wir alles wissen wollen, alles selbst in die Hand nehmen wollen." In der Passage bei Lukas steht zu lesen, dass die Pharisäer Jesus fragten: „Wann kommt das Reich Gottes?" Und der Papst kommentierte: „Die Neugierigen! Sie wollten das Datum, den Tag wissen."

Der Geist der Neugier ist kein guter Geist.

Gerade dieser „Geist der Neugier", so erläuterte er, „entfernt uns vom Geist der Weisheit", da er uns dazu drängt, nur auf „die Details, die Nachrichten, die kleinen Neuigkeiten jedes einzelnen Tages" zu achten: „Wie wird das getan werden? Es ist das Wie, es ist der Geist des Wie." Dem Urteil des Papstes zufolge „ist der Geist der Neugier kein guter Geist: Es ist der Geist der Zerstreuung, der Entfernung von Gott, der Geist des Zu-viel-Redens." Jesus sagt uns hierzu „etwas Hochinteressantes: dieser Geist der Neugier, der weltlicher Natur ist, führt uns in die Verwirrung". Der Heilige Vater erläuterte dies unter Berufung auf die Worte Jesu, die in der Schriftlesung wiedergegeben werden: „Es wird eine Zeit kommen, in der ihr euch danach sehnt, auch nur einen von den Tagen des Menschensohnes zu erleben; aber ihr werdet ihn nicht erleben. Sie werden zu euch sagen: Dort ist er!, oder Hier ist er!" In diesen Fällen, so bemerkte er, ist es

„die Neugier", die uns dazu drängt, „diese Dinge zu hören. Sie sagen zu uns: Der Herr ist da, er ist dort, er ist dort! Aber ich kenne einen Hellseher, eine Hellseherin, die Briefe von der Muttergottes erhalten, Botschaften von der Muttergottes." Und der Papst kommentierte: „Aber schau, die Muttergottes ist Mutter! Und sie liebt uns alle. Aber sie ist nicht Leiterin eines Postamtes, nicht dazu da, jeden Tag Botschaften zu versenden." In Wirklichkeit „entfernen diese Neuigkeiten vom Evangelium, sie entfernen vom Heiligen Geist, sie entfernen vom Frieden und von der Weisheit, von der Herrlichkeit Gottes, von der Schönheit Gottes."

„Das Reich Gottes ist mitten unter euch." (*Lk* 17,21).

Papst Franziskus betonte darauf noch einmal die Lehre Jesu: Das Reich Gottes „kommt nicht auf eine solche Art und Weise, dass es die Aufmerksamkeit auf sich zieht", sondern es kommt in Weisheit; „das Reich Gottes ist mitten unter euch". Und „das Reich Gottes ist dieses Werk, dieses Handeln des Heiligen Geistes, der uns die Weisheit verleiht, der uns den Frieden gibt. Das Reich Gottes kommt nicht im Durcheinander. So, wie Gott zum Propheten Elija nicht im Wind, im Sturm, im Taifun gesprochen hat. Er sprach in einem sanften Säuseln, dem Säuseln, das Weisheit war."

Dann führte der Papst erneut einen Gedanken der hl. Theresa vom Kinde Jesu an, die ihm besonders lieb ist. „Die hl. Theresia", so erinnerte er, „sagte, dass sie sich immer vor dem Geist der Neugier zügeln musste. Wenn sie mit einer anderen Ordensfrau sprach, und diese eine Geschichte erzählte, etwas über ihre Familie, über die Leute, und manchmal auf ein anderes Thema kam, dann hätte sie gerne das Ende dieser Geschichte ge-

wusst. Aber sie spürte, dass das nicht der Geist Gottes war. Weil es ein Geist der Dispersion, der Neugier war."
„Das Reich Gottes ist mitten unter uns", schloss Papst Franziskus, indem er die Worte des Evangeliums wiederholte. Und er lud dazu ein, „nicht nach merkwürdigen Dingen zu suchen, nicht mit dieser weltlichen Neugier nach Neuheiten zu lechzen. Lassen wir zu, dass der Geist uns mit jener Weisheit vorwärts trägt, die ein sanftes Säuseln ist. Das ist der Geist des Reiches Gottes, von dem Jesus uns erzählt hat."

Papst Franziskus: Frühmesse vom 14. November 2013

Jesus im Haus des Zöllners Zachäus (Lk 19,1–10)

Der heilige Evangelist Lukas widmet dem Thema der Barmherzigkeit Jesu eine besondere Aufmerksamkeit. In seiner Erzählung finden wir nämlich einige Episoden, in denen die barmherzige Liebe Gottes und Christi hervorgehoben wird, der erklärt, er sei nicht gekommen, um die Gerechten zu rufen, sondern die Sünder (vgl. *Lk* 5,32). Unter den für Lukas charakteristischen Erzählungen ist jene der Bekehrung des Zachäus. Zachäus ist ein „Zöllner", mehr noch: der oberste Zollpächter von Jericho, einer wichtigen Stadt am Fluss Jordan.
Die Zöllner waren die Eintreiber der Steuern, welche die Juden an den römischen Kaiser entrichten mussten, und schon aus diesem Grund wurden sie als öffentliche Sün-

der angesehen. Zudem nutzten sie oft ihre Stellung aus, um von den Leuten Geld zu erpressen. Deshalb war Zachäus zwar sehr reich, wurde aber von seinen Mitbürgern verachtet. Als Jesus nun auf seinem Weg durch Jericho gerade im Haus des Zachäus haltmachte, erregte er allgemeine Empörung. Doch der Herr wusste sehr wohl, was er tat. Er hat sozusagen ein Risiko eingehen wollen, und er hat die Wette gewonnen: Zachäus, zutiefst beeindruckt vom Besuch Jesu, beschließt, sein Leben zu ändern, und verspricht, das Vierfache dessen zu erstatten, was er gestohlen hatte. „Heute ist diesem Haus das Heil geschenkt worden", sagt Jesus und schließt mit den Worten: „Der Menschensohn ist gekommen, um zu suchen und zu retten, was verloren ist." Gott schließt keinen aus, weder die Armen noch die Reichen. Gott lässt sich nicht von unseren menschlichen Vorurteilen beeinflussen, sondern er sieht in jedem eine Seele, die es zu retten gilt, und er wird besonders von jenen angezogen, die als verloren betrachtet werden und sich selbst dafür halten. Jesus Christus, der fleischgewordene Gott, hat diese unendliche Barmherzigkeit gezeigt, die der Schwere der Sünde nichts nimmt, doch stets darauf abzielt, den Sünder zu retten, ihm die Möglichkeit zu bieten, sich loszulösen, neu anzufangen, sich zu bekehren. In einem anderen Abschnitt aus dem Evangelium sagt Jesus, dass es für einen Reichen sehr schwer ist, ins Himmelreich zu kommen (vgl. *Mt* 19,23). Im Fall des Zachäus sehen wir gerade, dass das, was unmöglich scheint, sich verwirklicht: „Er hat", so kommentiert der hl. Hieronymus, „seinen Reichtum weggegeben und ihn sofort mit dem Reichtum des Himmelreiches ersetzt"

„Der Menschensohn ist gekommen, um zu suchen und zu retten, was verloren ist." (*Lk* 19,10)

(Homilie über den Psalm 83,3). Und der hl. Maximus von Turin fügt hinzu: „Die Reichtümer – sie sind für die Toren Nahrung ihrer Unehrlichkeit, für die Klugen dagegen sind sie eine Hilfe für die Tugend; diesen wird eine Gelegenheit zum Heil geboten, jenen wird ein Stolperstein bereitet, der sie dessen verlustig gehen lässt"
(Predigten, 95).
[...] Zachäus hat Jesus aufgenommen und sich bekehrt, da Jesus ihn zuerst angenommen hatte! Er hat ihn nicht verurteilt, sondern ist seinem Verlangen nach Heil entgegengekommen.

Papst Benedikt XVI.: Angelus vom 31. Oktober 2010

Der Abschnitt aus dem Lukasevangelium [...] zeigt uns Jesus, der auf seinem Weg nach Jerusalem in die Stadt Jericho einzieht. Das ist die letzte Etappe einer Reise, die in sich den Sinn des ganzen Lebens Jesu zusammenfasst, das der Suche nach den verlorenen Schafen des Hauses Israels und deren Errettung gewidmet ist. Doch je mehr sich der Weg dem Ziel nähert, desto mehr schließt sich um Jesus ein Kreis der Feindseligkeit.
Und dennoch trägt sich in Jericho eines der freudigsten Ereignisse zu, von denen der hl. Lukas berichtet: die Bekehrung des Zachäus. Dieser Mann ist ein verlorenes Schaf, er wird verachtet und ist ein „Exkommunizierter", da er ein Zöllner ist, mehr noch, er ist der oberste Zollpächter der Stadt, Freund der verhassten römischen Besatzer, er ist ein Dieb und ein Ausbeuter. Da er wahrscheinlich aufgrund seines schlechten Rufs daran gehindert wird,

sich Jesus zu nähern, und weil er von kleiner Statur ist, klettert Zachäus auf einen Baum, um den vorbeigehenden Meister sehen zu können. Diese ein wenig lächerliche äußere Handlung ist jedoch Ausdruck einer inneren Geste des Mannes, der versucht, sich über die Menschenmenge zu erheben, um mit Jesus in Kontakt zu treten.

Zachäus selbst weiß nicht um den tiefen Sinn seiner Geste, er weiß nicht, warum er dies tut, doch er tut es. Er wagt nicht einmal zu hoffen, dass der Abstand, der ihn vom Herrn trennt, überwunden werden könnte. Er begnügt sich damit, ihn nur vorübergehen zu sehen. Doch als Jesus in die Nähe jenes Baumes gelangt, ruft er ihn beim Namen: „Zachäus, komm schnell herunter! Denn ich muss heute in deinem Haus zu Gast sein" (*Lk* 19,5). Jener kleinwüchsige, von allen abgelehnte und von Jesus ferne Mensch ist gleichsam in der Anonymität verloren. Doch Jesus ruft ihn, und in der Sprache jener Zeit hat der Name „Zachäus" eine schöne Bedeutung voller Anspielungen: „Zachäus" nämlich heißt „Gott erinnert sich".

„Zachäus, komm schnell herunter! Denn ich muss heute in deinem Haus zu Gast sein." (*Lk* 19,5)

Und Jesus geht in das Haus des Zachäus und erregt damit die Kritik aller Leute von Jericho (denn auch damals wurde viel geschwatzt!), die sagten: Wie bitte? Bei all den anständigen Leuten, die es in der Stadt gibt, kehrt er ausgerechnet bei jenem Zöllner ein? Ja, denn er war verloren; und Jesus sagt: „Heute ist diesem Haus das Heil geschenkt worden, weil auch dieser Mann ein Sohn Abrahams ist" (*Lk* 19,9). Von jenem Tag an trat in das Haus des Zachäus die Freude ein, es trat der Friede ein, es trat das Heil ein, Jesus trat ein. Es gibt keinen Beruf oder sozialen Stand, es gibt keine Sünde oder kein Verbrechen irgend einer Art, die auch nur eines seiner Kinder aus dem Gedächtnis und dem Herzen Gottes löschen könnten. „Gott erinnert sich", immer, er vergisst keinen von denen, die er erschaffen hat. Er ist Vater, immer in der wachsamen und liebevollen Erwartung, im Herzen des Sohnes das Verlangen neu entstehen zu sehen, nach Hause zurückzukehren.

Und wenn er jenes auch nur angedeutete und viele Male fast unbewusste Verlangen erkennt, ist er sofort an seiner Seite, und mit seiner Vergebung macht er ihm den Weg der Umkehr und der Heimkehr leichter. Schauen wir auf Zachäus, heute, auf dem Baum: seine Geste ist eine lächerliche Geste, doch es ist eine Geste des Heils. Und ich sage dir: Wenn etwas dein Gewissen belastet, wenn du dich vieler Dinge schämst, die du getan hast, dann halte ein wenig inne, erschrick nicht. Denk daran, dass dich jemand erwartet, weil er nie aufgehört hat, sich an dich zu erinnern; und dieser Jemand ist dein Vater, es ist Gott, der dich erwartet! Klettere hinauf, wie es Zachäus getan hat; steig auf den Baum des Verlangens, Vergebung zu erhalten; ich versichere dir, dass du nicht enttäuscht werden wirst. Jesus ist barmherzig und wird nie müde zu vergeben! Behalte das gut im Gedächtnis, so ist Jesus. Brüder und Schwestern, lassen auch wir uns von Jesus beim Namen rufen! In der Tiefe des Herzens wollen wir seine Stimme hören, die sagt: „Heute muss ich in deinem Haus zu Gast sein", das heißt in deinem Herzen, in deinem Leben.

Heute ist diesem Haus das Heil geschenkt worden.

Und nehmen wir ihn voll Freude auf: er kann uns verändern, er kann unser Herz aus Stein in ein Herz aus Fleisch verwandeln, er kann uns vom Egoismus befreien und aus unserem Leben ein Geschenk der Liebe machen. Jesus kann es tun; lass dich von Jesus anblicken!

Papst Franziskus: Angelus vom 3. November 2013

Die letzten Tage in Jerusalem (Lk 19,28–21,38)

Der Einzug in Jerusalem (Lk 19,28–40)

Das Thema ist klar formuliert. Es heißt: Nachfolge. Christsein bedeutet, dass wir den Weg Jesu Christi als den rechten Weg des Menschseins ansehen – als den Weg, der ans Ziel führt zur erfüllten, rechten Menschlichkeit. Christsein ist ein Weg, besser gesagt: eine Wanderschaft, ein Mitgehen mit Jesus Christus. Ein Gehen in die Richtung, die er uns vorgegeben hat und vorgibt.

Jesus geht uns voraus, und er geht aufwärts. Er führt uns ins Große, ins Reine, in die heilende Luft der Höhe.

Was ist das für eine Richtung? Wie findet man sie? Der Satz unseres Evangeliums macht dazu zwei Angaben. Als erstes sagt er: Er ist ein Aufstieg. Das gilt zunächst ganz praktisch. Jericho, wo der letzte Teil der Pilgerschaft Jesu begann, liegt 250 Meter unter dem Meeresspiegel, Jerusalem – das Ziel des Weges – 740 bis 780 Meter über dem Meer: ein Aufstieg von fast 1000 Metern. Aber dieser äußere Weg ist vor allem ein Bild für die innere Bewegung der Existenz, die sich in der Nachfolge Christi vollzieht: Sie ist Aufstieg zu der wirklichen Höhe des Menschseins. Der Mensch kann es sich bequem machen, jeder Mühe aus dem Weg gehen. Er kann auch absteigen ins Niedrige, ins Gemeine, in die Gedankenlosigkeit. Er kann in dem Sumpf der Lüge und der Ehrlosigkeit versinken. Jesus geht uns voraus, und er geht aufwärts. Er führt uns ins Große, ins Reine, in die heilende Luft der Höhe: in das Leben gemäß der Wahrheit; in die Tapferkeit, die sich nicht vom Gerede der herrschenden Meinungen einschüchtern lässt; in die Geduld, die den anderen erträgt und trägt. Er führt in die Bereitschaft für die Leidenden, für die Verlassenen; in die Treue, die zum anderen steht, auch wenn es schwer wird. In die Hilfsbereitschaft; in die Güte, die sich auch durch Undankbarkeit nicht entwaffnen lässt. Er führt uns in die Liebe – er führt uns zu Gott.

Er führt uns in die Liebe – er führt uns zu Gott.

„Jesus zog weiter und ging nach Jerusalem hinauf." Wenn wir dieses Wort des Evangeliums im Zusammenhang des Ganzen von Jesu Weg lesen, der ja bis zum Ende der Zeiten weitergeht, dann können wir verschiedene Ebenen der Zielangabe Jerusalem entdecken. Zunächst ist damit selbstverständlich einfach der Ort Jerusalem gemeint: Es ist die Stadt, in der der Tempel Gottes stand, dessen Einzigkeit die Einzigkeit Gottes selbst andeuten sollte. So verkündet dieser Ort zunächst zweierlei: zum einen, dass Gott nur einer auf der ganzen Welt ist, all unsere Orte und Zeiten unendlich überschreitet, der Gott, dem die ganze Schöpfung gehört. Der Gott, den alle Menschen im Innersten suchen und um den alle auch irgendwie wissen. Aber dieser Gott hat sich einen Namen gegeben. Sich uns bekannt gemacht, hat eine Geschichte mit den Menschen angefangen; sich einen Menschen – Abraham – als Ausgangspunkt dieser Geschichte gewählt. Der unendliche Gott ist zugleich der nahe Gott. Er, der in kein Gebäude eingeschlossen werden kann, will doch unter uns wohnen, ganz mit uns sein. Jerusalem mit seinem Tempel ist Ort der Begegnung zwischen Gott und seinem Volk. Der Ort, an dem er verehrt werden will und an dem er auf uns zugeht. Von David her ist Jerusalem auch Ort der Verheißung. Jerusalem ist mit der Erwartung des Messias verbunden, mit der Hoffnung, dass Gott als König in diese Welt kommen und sie zu seinem Reich machen werde.

„Wenn sie schweigen, werden die Steine schreien." (*Lk* 19,40)

Wenn Jesus mit dem pilgernden Israel hinaufsteigt, dann geht er hin, um mit Israel Pascha zu feiern: die Erinnerung an die Befreiung Israels, die zugleich immerfort Hoffnung auf die endgültige Freiheit ist, die Gott schenken wird. Und er geht auf dieses Fest zu in dem Wissen, dass er selbst das Lamm ist, in dem sich erfüllt, was das *Buch Exodus* davon sagt: ein fehlerloses, männliches Lamm, das vor den Augen der Söhne Israels am Abend geopfert wird „zu einem ewigen Kult" (*Ex* 12,5–6.14). Und endlich weiß Jesus, dass sein Weg weiter reicht: dass er am Kreuz nicht zu Ende ist. Er weiß, dass sein Weg den Schleier zwischen dieser Welt und der Welt Gottes aufreißen wird, dass er hinaufgehen wird bis zum Thron Gottes, Gott und Mensch miteinander versöhnen wird in seinem Leib. Er weiß, dass sein auferstandener Leib das neue Opfer und der neue Tempel sein wird. Dass sich um ihn aus der Schar der Engel und Heiligen das neue Jerusalem bildet, das im Himmel und doch auch schon auf Erden ist, weil er ja in seinem Leid die Grenze zwischen Himmel und Erde aufgetan hat. Sein Weg geht über die Höhe des Tempelberges hinaus bis zur Höhe Gottes selbst: Das ist der große Aufstieg, zu dem er uns einlädt. Er bleibt immer bei uns auf der Erde, und er ist immer schon angekommen bei Gott und führt uns auf der Erde und über die Erde hinaus.

So werden in der Weite von Jesu Aufstieg die Dimensionen unserer Nachfolge sichtbar – das Ziel, wohin er uns führen will: auf die Höhe Gottes, zur Gemeinschaft mit Gott, zum Mitsein mit Gott. Das ist das eigentliche Ziel, und die Gemeinschaft mit ihm ist ein Unterwegssein. Ist ständiger Aufstieg zur wirklichen Höhe unserer Berufung. Das Mitgehen mit Jesus ist zugleich immer ein Mitgehen im Wir derer, die ihm nachfolgen wollen. Es führt uns in diese Gemeinschaft hinein. Weil der Weg bis ins wirkliche Leben, bis ins Menschsein nach der Weise des Gottessohnes Jesus Christus, unsere eigenen Kräfte übersteigt, ist dieses Gehen immer auch ein Getragenwerden. Wir sind gleichsam in einer Seilschaft mit Jesus Christus – mit ihm im Aufstieg auf die Höhe Gottes. Er zieht uns, und er hält uns. Zur Nachfolge Christi gehört es, dass wir uns in diese Seilschaft einbinden lassen; akzeptieren, dass wir es allein nicht können. Zu ihr gehört dieser Akt der Demut, das Eintreten in das Wir der Kirche. Das Sich-Anhalten an der Seilschaft, die Verantwortung der Gemeinsamkeit – das Seil nicht durch Eigenwilligkeit und Besserwisserei zu zerreißen. Das demütige Glauben mit der Kirche als Festgemachtsein in der Seilschaft des Aufstiegs zu Gott ist eine wesentliche Bedingung der Nachfolge. Zu diesem Mitsein im Ganzen der Seilschaft gehört es auch, dass wir uns nicht als Herren des Gotteswortes aufspielen, nicht einem falschen Begriff von Mündigkeit nachlaufen. Die Demut des Mitseins ist wesentlich für den Aufstieg. Zu ihr gehört es auch, dass wir uns in den Sakramenten immer wieder vom Herrn an die Hand nehmen lassen. Dass wir uns reinigen und kräftigen lassen von ihm. Dass wir die Zucht des Aufsteigens annehmen, auch wenn wir müde sind.

Wir sind gleichsam
in einer Seilschaft
mit Jesus Christus.
Er zieht uns,
und er hält uns.

Endlich müssen wir noch sagen: Zum Aufstieg auf die Höhe Jesu Christi, zum Aufstieg auf die Höhe Gottes selbst gehört das Kreuz. So wie es in den Dingen dieser Welt keine große Leistung geben kann ohne Verzicht und hartes Training, so wie die Freude großer Erkenntnis oder wirklichen Könnens an die Disziplin, ja an das Erleiden des Lernens gebunden ist, so ist der Weg zum Leben selbst, zum Menschwerden an die Gemeinschaft mit dem gebunden, der über das Kreuz zur Höhe Gottes aufgestiegen ist. Letztlich ist das Kreuz Ausdruck dessen, was Liebe bedeutet: Nur wer sich verliert, findet sich.

Zum Aufstieg auf die Höhe Jesu Christi, zum Aufstieg auf die Höhe Gottes selbst gehört das Kreuz.

Fassen wir zusammen: Nachfolge Christi verlangt als ersten Schritt das Wachwerden der Sehnsucht nach dem rechten Menschsein und so das Wachwerden für Gott. Sie verlangt dann das Eintreten in die Seilschaft der Aufsteigenden, in die Gemeinschaft der Kirche. Im Wir der Kirche treten wir in die Gemeinschaft mit dem Du Jesu Christi ein und kommen auf den Weg zu Gott. Verlangt ist des Weiteren das Hören auf das Wort Jesu Christi und das Leben daraus: in Glaube, Hoffnung und Liebe. So sind wir auf dem Weg zum endgültigen Jerusalem und jetzt schon irgendwie dort, in der Gemeinschaft aller Heiligen Gottes.

Papst Benedikt XVI.: Predigt vom 28. März 2010

Jesus zieht in Jerusalem ein. Die Menge der Jünger begleitet ihn in Feststimmung, die Kleider sind vor ihm ausgebreitet, man spricht von den Wundertaten, die er voll-

bracht hat, ein Lobruf ertönt: „Gesegnet sei der König, der kommt im Namen des Herrn. Im Himmel Friede und Herrlichkeit in der Höhe!“ (*Lk* 19,38).
Menschenmenge, Fest, Lobpreis, Frieden – ein Klima der Freude liegt in der Luft. Jesus hat in den Herzen viele Hoffnungen geweckt, vor allem bei den bescheidenen, einfachen, armen, vergessenen Menschen, bei denen, die in den Augen der Welt nicht zählen. Er war imstande, das menschliche Elend nachzuempfinden, hat das Gesicht der Barmherzigkeit Gottes gezeigt, hat sich niedergebeugt, um Leib und Seele zu heilen.

„Gesegnet sei der König, der kommt im Namen des Herrn. Im Himmel Friede und Herrlichkeit in der Höhe!“ (*Lk* 19,38)

So ist Jesus! So ist sein Herz, das auf uns alle schaut, das auf unsere Krankheiten, auf unsere Sünden schaut. Groß ist die Liebe Jesu! Und so zieht er in Jerusalem ein: mit dieser Liebe. Und schaut uns alle an. Es ist eine schöne Szene: voller Licht – Licht der Liebe Jesu, Licht seines Herzens – Freude, Feststimmung.
Wir haben unsere Palmen geschwenkt. Auch wir haben Jesus empfangen; auch wir haben die Freude zum Ausdruck gebracht, ihn zu begleiten, ihn nahe zu wissen, in uns und unter uns gegenwärtig als ein Freund, als ein Bruder, auch als König, das heißt als leuchtender Bezugspunkt unseres Lebens. Jesus ist Gott, doch er hat sich erniedrigt, unseren Weg mitzugehen. Er ist unser Freund, unser Bruder. Hier gibt er uns Licht auf unserem Weg. Und so haben wir ihn empfangen. Und dies ist das erste Wort, das ich euch sagen möchte: Freude! Seid niemals traurige Menschen: ein Christ darf das niemals sein! Lasst euch niemals von Mutlosigkeit überwältigen! Unsere Freude entspringt nicht aus dem Besitzen vieler Dinge, sondern daraus, einer Person begegnet zu sein: Jesus, der in unse-

rer Mitte ist; sie entspringt aus dem Wissen, dass wir mit ihm niemals einsam sind, selbst in schwierigen Momenten nicht, auch dann nicht, wenn der Lebensweg auf Probleme und Hindernisse stößt, die unüberwindlich scheinen, und davon gibt es viele! Und in diesem Moment kommt der Feind, kommt der Teufel, oftmals als Engel verkleidet, und heimtückisch sagt er uns ein Wort. Hört nicht auf ihn! Folgen wir Jesus! Wir begleiten, wir folgen Jesus, aber vor allem wissen wir, dass er uns begleitet und uns auf seine Schultern lädt: darin liegt unsere Freude, die Hoffnung, die wir in diese unsere Welt tragen müssen. Und bitte lasst euch die Hoffnung nicht nehmen! Lasst nicht zu, dass die Hoffnung geraubt wird! Jene, die Jesus uns schenkt.

Jesus zieht nach Jerusalem ein, um am Kreuz zu sterben.

Warum zieht Jesus in Jerusalem ein, oder vielleicht besser: Wie zieht Jesus in Jerusalem ein? Die Menschenmenge bejubelt ihn als König. Und er widersetzt sich nicht, er bringt sie nicht zum Schweigen (vgl. *Lk* 19,39–40). Doch was für eine Art König ist Jesus? Schauen wir ihn an: Er reitet auf einem Fohlen, hat keinen Hof, der ihm folgt, ist nicht von einem Heer als Symbol der Macht umgeben. Die ihn empfangen, sind niedrige, einfache Leute, die das Gespür haben, in Jesus mehr zu sehen; die das Gespür des Glaubens haben, der sagt: Das ist der Retter! Jesus zieht nicht in die Heilige Stadt ein, um die Ehren zu empfangen, die den irdischen Königen, den Machthabern, den Herrschern vorbehalten sind; er zieht ein, um gegeißelt, beschimpft und geschmäht zu werden, wie Jesaja in der ersten Lesung ankündigt (vgl. *Jes* 50,6); er zieht ein, um eine Dornenkrone, einen Stock und einen Purpurmantel zu erhalten, sein Königtum wird

Gegenstand des Spottes sein; er zieht ein, um mit einem Balken beladen zum Kalvarienberg hinaufzugehen.
Und da haben wir das zweite Wort: *Kreuz*. Jesus zieht nach Jerusalem ein, um am Kreuz zu sterben. Und genau hier erstrahlt sein Königsein im Sinne Gottes: Sein Königsthron ist das Holz des Kreuzes! Ich denke an das, was Benedikt XVI. zu den Kardinälen sagte: Ihr seid Fürsten – aber die eines gekreuzigten Königs. Das ist der Thron Jesu. Jesus nimmt auf sich... warum das Kreuz? Weil Jesus das Böse, den Schmutz, die Sünde der Welt – auch unsere Sünde, unser aller Sünde! – auf sich nimmt, und er wäscht es, wäscht es mit seinem Blut, mit der Barmherzigkeit, mit der Liebe Gottes. Schauen wir uns um: Wie viele Wunden schlägt das Böse der Menschheit! Kriege, Gewalttaten, Wirtschaftskonflikte, die die Schwächeren treffen; Geldgier – und keiner kann es doch mitnehmen; man muss es zurücklassen! Meine Großmutter sagte zu uns Kindern: Das Totenhemd hat keine Taschen –, Gewinnsucht, Machtstreben, Korruption, Spaltungen, Verbrechen gegen das menschliche Leben und gegen die Schöpfung! Und auch – jeder von uns weiß es und kennt sie – unsere persönlichen Sünden: der Mangel an Liebe und Achtung gegenüber Gott, gegenüber dem Nächsten und gegenüber der gesamten Schöpfung. Und am Kreuz spürt Jesus das ganze Gewicht des Bösen, und mit der Kraft der Liebe Gottes überwindet er es, besiegt es in seiner Auferstehung. Das ist das Gute, das Jesus uns allen erweist – auf dem Thron des Kreuzes. Das mit Liebe angenommene Kreuz Christi führt niemals in die Traurigkeit, sondern zur Freude, zur Freude, gerettet zu sein, und ein klein wenig das zu tun, was er an jenem Tag seines Todes getan hat.

Papst Franziskus: Predigt vom 24. März 2013

Die Tempelreinigung (Lk 19,45–48)

„Die Geste Jesu im Tempel“ – der, wie Lukas in seinem Evangelium (19.45–48) schreibt, „begann, die Händler hinauszutreiben“ – ist Papst Franziskus zufolge „eine regelrechte Reinigungszeremonie des Tempels“. Das Volk Israel „kannte diese Zeremonien: Es musste den Tempel sehr oft reinigen, nachdem er profaniert worden war.“ Der Papst erinnerte daran, dass es genüge, „an die Zeiten des Nehemia“ zu denken, „beim Wiederaufbau des Tempels“. Es habe „stets Eifer geherrscht bei den Dingen, die das Haus Gottes betrafen, denn der Tempel war für sie wirklich die Wohnstatt Gottes, er war ‚heilig‘, und wenn er geschändet wurde, dann musste er wieder gereinigt werden.“ Also „nimmt Jesus in diesem Augenblick eine Reinigungszeremonie vor“, so bekräftigte der Papst, der in sehr vertraulichem Ton hinzufügte: „Ich habe heute daran gedacht, welch großer Unterschied zwischen diesem Jesus besteht, der ein Eiferer für die Herrlichkeit Gottes ist, der mit der Hand die Peitsche schwingt, und jenem zwölfjährigen Jesus, der mit den Schriftgelehrten disputierte: wie viel Zeit vergangen ist, und wie sich die Dinge geändert haben!“ In der Tat „vollbringt Jesus, getrieben vom Eifer für die Herrlichkeit des Vaters, diese Geste, diese Reinigungszeremonie: der Tempel war profaniert worden.“ Aber „nicht nur der Tempel: zusammen mit dem Tempel war auch das Volk Gottes durch die schwere Sünde profaniert worden, die der Skandal, das Ärgernis darstellt.“

„Mein Haus soll ein Haus des Gebetes sein.“ (*Lk* 19,46)

Mit ständigem Bezug auf diese biblische Geschichte bekräftigte Franziskus, dass „das Volk gut ist, es ging in den Tempel, es achtete nicht auf diese Dinge: es suchte Gott, es betete." Aber „es musste Geld wechseln, um opfern zu können, und sie taten das dort." „Das Volk Gottes" sei gerade zu dem Zweck, Gott zu suchen, „in den Tempel gegangen; nicht wegen dieser Menschen, die dort Handel trieben". Die Menschen „gingen Gottes wegen in den Tempel". Und „dort herrschte die Korruption, die in den Augen des Volkes ein Skandal war." In diesem Kontext erinnerte der Papst an „eine sehr schöne Szene in der Bibel", die auch zum Fest der Darstellung Marias passe: „Als die Mutter des Samuel in den Tempel ging, da betete sie um eine Gnade für ihren Sohn. Und sie murmelte leise ihre Gebete. Der Priester, ein alter Mann, der Ärmste, aber sehr korrupt", sagte zu ihr, „dass sie betrunken sei." Gleichzeitig hätten „seine beiden Söhne, die Priester waren, die Menschen ausgebeutet, die Pilger ausgebeutet, sie hätten beim Volk Ärgernis erregt: die Sünde des Ärgernisses." Aber diese Frau „hat in aller Demut, statt diesem Priester kräftig die Meinung zu sagen, erklärt, was sie quälte." So habe „inmitten der Korruption in diesem Augenblick die Heiligkeit und Demut des Volkes Gottes" geherrscht.

„Ihr aber habt daraus eine Räuberhöhle gemacht." (*Lk* 19,46)

Denken wir etwa daran, so fuhr der Papst fort, „wie viele Leute Jesus dabei zuschauten, als er mit der Peitsche diese Reinigung vornahm." Lukas schreibe: „das ganze Volk hing an ihm und hörte ihn gern". Gerade angesichts dieser Geste Jesu „denke ich an das Ärgernis", so bekräftigte Franziskus, „das wir beim Volk mit unserem Verhalten hervorrufen können, mit unseren alles andere als priesterlichen Gewohnheiten im Tempel: dem Ärgernis des

Handels, dem Skandal der Weltlichkeit." In der Tat: „Wie oft sehen wir, wenn wir eine Kirche betreten, auch heute noch eine Preisliste aushängen: Taufe, Segen kosten soundso viel; Messintentionen kosten soundso viel [...]" Und „beim Volk erregt das Ärgernis." Der Papst erzählte auch eine Begebenheit, die er ganz persönlich miterlebt hatte: „Einmal, unmittelbar nach meiner Priesterweihe, war ich zusammen mit einer Gruppe von Universitätsstudenten und einem Paar von Verlobten, die heiraten wollten. Sie waren in die Pfarrei gegangen, sie wollten im Rahmen einer Messe heiraten.

„Man kann nicht zwei Herren dienen" (vgl. *Lk* 16,13).

Und dort sagte der Gemeindesekretär zu ihnen: Nein, nein, das geht nicht. Aber warum geht das nicht in der Messe? Wo doch das Konzil empfiehlt, es immer im Rahmen einer Messe zu tun? – Nein, nein, das geht nicht, denn mehr als zwanzig Minuten Zeit ist nicht. Aber warum? Weil dann die nächste Schicht an der Reihe ist. Aber wir wollen es in der Messe! – Nun, dann zahlt ihr eben zweimal!" So „haben sie, um im Rahmen der Messe heiraten zu können, den doppelten Preis entrichtet." Das, so bekräftigte der Papst, „ist die Sünde des Ärgernisses." Und „wir wissen, was Jesus zu denen sagt, die der Grund für das Ärgernis sind: Es ist besser, ins Meer geworfen zu werden."

Es ist unbestreitbar: „Wenn die, die im Tempel sind – ob das nun Priester, Laien, die Sekretäre, die im Tempel mit der Pastoral des Tempels befasst sind – zu Geschäftemachern werden, dann erregt das beim Volk Ärgernis." Und „wir sind dafür verantwortlich, aber auch die Laien sind es: alle." Denn, so erläuterte Franziskus, „wenn ich sehe, dass man das in meiner Gemeinde tut, dann muss ich den Mut aufbringen, das dem Pfarrer ins Gesicht zu sagen", sonst „leiden die Menschen unter diesem Ärgernis." Und es „ist kurios", so fügte der Papst hinzu, dass „das Volk Gottes dazu imstande ist, seinen Priestern zu vergeben, wenn sie eine Schwäche haben, wenn sie auf einer Sünde ins Schlittern kommen." Aber „es gibt zwei Dinge, die das Volk Gottes nicht verzeihen kann: Wenn ein Priester am Geld hängt und wenn ein Priester die Menschen schlecht behandelt. Dann bringen sie es nicht fertig", das Ärgernis „des Hauses Gottes zu verzeihen", das zu einem „Umschlagplatz für Geschäfte" werde. Gerade so, wie es „bei dieser Hochzeit" geschehen sei: man mietete die Kirche „für die einfache oder doppelte Miete [...]." An dieser Bibelstelle sage Lukas nicht, dass Jesus „wütend" sei. Vielmehr verspüre Jesus „Eifer für das Haus Gottes, das ist es: es ist noch mehr als Wut." Aber, so fragte sich der Papst, „warum verhält sich Jesus so? Er hatte es bereits früher gesagt, und er wiederholt es hier auf andere Art: Man kann nicht zwei Herren dienen. Entweder verehrt man den lebendigen Gott, oder man verehrt das Geld, den Mammon." Und „hier ist das Haus Gottes zu einem Haus der Geschäfte geworden: es herrschte wirklich der Kult des Geldes". Jesus hingegen sage: „In der Schrift steht: Mein Haus soll ein Haus des Gebetes sein. Ihr aber habt daraus eine Räuberhöhle gemacht." Somit „unterscheidet er die beiden Dinge ganz klar."

Also „kann man nicht zwei Herren dienen: Gott ist absolut." Aber es ergebe sich noch eine weitere Frage: „Weshalb hat Jesus etwas gegen das Geld, warum hat er etwas gegen den Mammon?" Deshalb, so antwortete Franziskus, weil „die Erlösung unentgeltlich ist: die Unentgeltlichkeit Gottes." In der Tat komme Jesus, „um uns die völlige Unentgeltlichkeit der Liebe Gottes zu bringen". Daher „sagt man dann, wenn die Kirche oder Kirchen zu Geschäftemachern werden, dass die Erlösung nicht ganz unentgeltlich ist." Und gerade „deshalb nimmt Jesus die Peitsche in die Hand, um im Tempel diesen Reinigungsritus vorzunehmen."

Papst Franziskus: Frühmesse vom 21. November 2014

Die Frage nach der Auferstehung der Toten (Lk 20,27–40)

Er ist der Gott eines jeden von uns!

Das Evangelium zeigt uns Jesus, wie er es mit den Sadduzäern zu tun hat, die die Auferstehung leugneten. Und gerade zu diesem Thema stellen sie Jesus eine Frage, um ihn in Verlegenheit zu bringen und den Glauben an die Auferstehung der Toten ins Lächerliche zu ziehen. Sie gehen von einem fiktiven Fall aus: „Eine Frau hat sieben Ehemänner gehabt, von denen einer nach dem anderen gestorben ist", und sie fragen Jesus: „Wessen Frau wird sie nach ihrem Tod sein?" Jesus, der immer mild und geduldig ist, antwortet zunächst, dass das Leben nach dem Tod nicht nach denselben Größen wie das irdische zu bemessen sei. Das ewige Leben ist ein anderes Leben, in einer anderen Dimension, wo es unter anderem keine Ehe mehr geben wird, die an unser Dasein in dieser Welt gebunden ist. Die Auferstandenen – sagt Jesus – werden den Engeln gleich sein, und sie werden in einem anderen Zustand leben, den wir jetzt weder erfahren noch uns vorstellen können. Und so also erklärt es Jesus.

Dann aber geht Jesus sozusagen zum Gegenangriff über. Und er tut dies, indem er die Heilige Schrift zitiert, mit einer Einfachheit und Originalität, die uns mit Bewunderung für unseren Meister erfüllen, den einzigen Meister! Den Beweis für die Auferstehung findet Jesus in der Geschichte von Mose und dem brennenden Dornbusch (vgl. Ex 3,1–6), als sich Gott als der Gott Abrahams, Isaaks und Jakobs offenbart. Der Name Gottes ist an die Namen der Männer und Frauen gebunden, an die er sich bindet, und dieses Band ist stärker als der Tod. Und wir können auch von der Beziehung Gottes zu uns, zu einem jeden von uns, sagen: Er ist unser Gott! Er ist der Gott eines jeden von uns! Als trage er unseren Namen.

„Er ist doch kein Gott von Toten, sondern von Lebenden; denn für ihn sind alle lebendig." (*Lk* 20,38)

Gern sagt er dies, und das ist der Bund. Deshalb erklärt Jesus: „Er ist doch kein Gott von Toten, sondern von Lebenden; denn für ihn sind alle lebendig" (*Lk* 20,38). Und das ist das entscheidende Band, der grundlegende Bund, der Bund mit Jesus: Er selbst ist der Bund, er selbst ist das Leben und die Auferstehung, da er mit seiner gekreuzigten Liebe den Tod besiegt hat. In Jesus schenkt uns Gott das ewige Leben, er schenkt es allen, und alle haben durch ihn die Hoffnung auf ein noch wahreres Leben als dieses. Das Leben, das Gott für uns vorbereitet, ist keine einfache Verschönerung dieses aktuellen Lebens: es übersteigt unsere Vorstellungskraft, weil Gott uns fortwährend mit seiner Liebe und mit seinem Erbarmen in Erstaunen versetzt. Daher ist das, was geschehen wird, das Gegenteil von dem, was die Sadduzäer erwarteten.

Nicht dieses Leben ist Bezugspunkt für die Ewigkeit, für das andere Leben, für jenes, das uns erwartet, sondern die Ewigkeit jenes Leben erleuchtet und schenkt dem irdischen Leben von uns allen Hoffnung! Wenn wir nur mit menschlichen Augen blicken, neigen wir dazu zu sagen, dass der Weg des Menschen vom Leben zum Tod führt. Das ist es, was man sieht! Doch so ist es nur, wenn wir es mit menschlichen Augen betrachten.

Wir sind unterwegs, auf einer Pilgerreise zum Leben in Fülle.

Jesus kehrt diese Perspektive um und erklärt, dass unsere Pilgerreise vom Tod zum Leben führt: zum Leben in Fülle! Wir sind unterwegs, auf einer Pilgerreise zum Leben in Fülle, und jenes Leben in Fülle ist das Leben, das uns auf unserem Weg erleuchtet! Somit ist der Tod hinter uns, hinter unserem Rücken, nicht vor uns. Vor uns ist der Gott der Lebenden, der Gott des Bundes, der Gott, der meinen Namen trägt, unseren Namen, wie er gesagt hat: „Ich bin der Gott Abrahams, Isaaks und Jakobs“, auch der Gott mit meinem Namen, mit deinem Namen, mit deinem Namen, mit unserem Namen. Der Gott der Lebenden! Vor uns liegt die endgültige Niederlage der Sünde und des Todes, der Anfang einer neuen Zeit der Freude und des Lichts ohne Ende. Doch bereits auf dieser Erde begegnen wir Jesus und seiner Liebe im Gebet, in den Sakramenten, in der Brüderlichkeit, und so können wir im Vorhinein etwas vom auferstandenen Leben verkosten.

Die Erfahrung, die wir von seiner Liebe und von seiner Treue machen, entflammt wie ein Feuer unser Herz und vermehrt unseren Glauben an die Auferstehung. Wenn nämlich Gott treu ist und liebt, kann er dies nicht auf begrenzte Zeit sein: Die Treue ist ewig, sie kann sich nicht ändern. Die Liebe Gottes ist ewig, sie kann sich nicht ändern! Es ist nicht für eine begrenzte Zeit: es ist für immer! Es ist so, um vorwärts zu gehen! Er ist treu für immer und er erwartet uns, einen jeden von uns, er begleitet einen jeden von uns mit dieser ewigen Treue.

Papst Franziskus: Angelus vom 10. November 2013

Das Opfer der Witwe (Lk 21,1–4)

In der Witwe, die ihre beiden kleinen Münzen in den Opferkasten des Tempels wirft, können wir das „Abbild der Kirche" sehen, die arm, demütig und treu sein soll. Papst Franziskus erinnerte an den Abschnitt, wo Jesus „nach langen Diskussionen", die er mit den Sadduzäern und den Jüngern über die Pharisäer und die Schriftgelehrten geführt hatte, „die sich darüber freuten, die besten Plätze zu haben, die vordersten Sitze in den Synagogen, die Ehrenplätze bei jedem Festmahl und auf allen Straßen und Plätzen gegrüßt zu werden", aufblickt und „die Witwe sieht". Der „Gegensatz" zu den „Reichen, die ihre Gaben in den Opferkasten des Tempels legten", sticht sofort und „stark" ins Auge. Und gerade die Witwe „ist hier, in diesem Abschnitt, die stärkste Persönlichkeit".
Von dieser Witwe, so erläuterte der Papst, „wird zweimal gesagt, dass sie arm ist: zweimal. Und dass sie kaum das Nötigste zum Leben hat." Es scheine fast, also ob der Herr den Schriftgelehrten gegenüber habe betonen wollen: „Ihr verfügt über einen großen Reichtum an Eitelkeit, an äuße-

rem Anschein und auch an Hochmut. Diese Frau hier ist arm. Ihr, die ihr in den Häusern der Witwen essen geht [...]" Aber „In der Bibel sind die Witwen und Waisen die sozial am stärksten ausgegrenzten Gestalten", gerade so wie die Aussätzigen, und „deshalb gibt es viele Gebote, die vorschreiben, den Witwen und Waisen zu helfen, sich ihrer anzunehmen". Und Jesus „sieht diese einsame, einfach gekleidete Frau an", die „ihren ganzen Lebensunterhalt: zwei kleine Münzen, in den Opferstock wirft." Man denke dabei auch an eine andere Witwe, die Witwe von Sarepta, „die den Propheten Elija aufgenommen und ihm all das, was sie hatte – ein wenig Mehl mit Öl – gegeben hatte, bevor sie sterben musste [...]"

Es gefällt mir, in dieser Frau ein Ebenbild der Kirche zu sehen.

Der Papst rekonstruierte die Szene, die im Evangelium geschildert wird: „Eine arme Frau inmitten all dieser mächtigen Männer, mitten unter den Gelehrten, den Priestern, den Schriftgelehrten [...] und auch mitten unter diesen reichen Leuten, die ihre Gaben in den Opferstock warfen, unter denen auch einige waren, die da waren, um gesehen zu werden." Jesus sage zu ihnen: „Das ist der Weg, das ist das Vorbild. Das ist der Weg, den ihr einschlagen sollt." „Die Geste dieser Frau, die nur für Gott lebte, gerade so wie die Witwe Anna, die Jesus im Tempel empfangen hat", zeichne sich sehr deutlich ab: „Alles für Gott. Sie setzte ihre Hoffnung einzig und allein auf Gott."
„Der Herr verleiht der Gestalt dieser Witwe viel Nachdruck", so sagte Franziskus, und er fuhr fort: „Es gefällt mir, in dieser Frau hier ein Ebenbild der Kirche zu sehen." Vor allem der „armen Kirche, denn die Kirche darf keinen anderen Reichtum besitzen als ihren Bräutigam"; sodann auch der „demütigen Kirche, wie es die Witwen jener Zeit

waren, denn zu jener Zeit gab es keine Rente, es gab keine Sozialhilfe, nichts." In einem gewissen Sinne sei die Kirche „ein bisschen wie eine Witwe, denn sie erwartet die Rückkehr ihres Bräutigams". Sicher, sie habe „ihren Bräutigam in der Eucharistie, im Wort Gottes, in den Armen: aber sie erwartet seine Rückkehr." Das Evangelium, so merkte der Papst an, präsentiere das Bild der Witwe gerade in jenem Augenblick, als „Jesus beginnt, den Widerstand der Führungsschicht seines Volkes zu spüren: der Sadduzäer, der Pharisäer, der Schriftgelehrten, der Rechtsgelehrten". Und es sei geradezu so, als sage er: „All das kommt vor, aber schaut dort hin!", auf diese Witwe. Dieser Vergleich sei grundlegend dafür, um die wahre Wirklichkeit der Kirche erkennen zu können, die „dann, wenn sie der Hoffnung und ihrem Bräutigam treu ist, sich darüber freut, ihr Licht von ihm zu erhalten und – in diesem Verständnis – eine Witwe zu sein: auf die Sonne zu warten, die kommen wird."

Die Kirche darf keinen anderen Reichtum besitzen als ihren Bräutigam.

Papst Franziskus: Frühmesse vom 24. November 2014

Das Leiden und die Auferstehung Jesu (Lk 22,1–24,53)

Das Mahl (Lk 22,14–23)

> Wer den Glauben nicht als Liebe lebt, ist nicht für die Hochzeit bereitet.

„Mit Sehnsucht habe ich danach verlangt, dieses Paschamahl mit euch zu feiern, ehe ich leide“ (*Lk* 22,15): Mit diesen Worten hat Jesus die Feier seines letzten Mahls und der Einsetzung der heiligen Eucharistie eröffnet. Jesus ist mit Sehnsucht dieser Stunde entgegengegangen. Er hat von innen her gewartet auf diesen Augenblick, in dem er sich selbst den Seinigen unter den Gestalten von Brot und Wein schenken würde. Er hat auf diesen Augenblick gewartet, der so etwas wie die eigentliche messianische Hochzeit sein sollte: die Verwandlung der Gaben dieser Erde und das Einswerden mit den Seinigen, um sie zu verwandeln und so die Verwandlung der Welt zu eröffnen. In der Sehnsucht Jesu dürfen wir die Sehnsucht Gottes selbst erkennen – seine wartende Liebe für die Menschen, für seine Schöpfung. Die Liebe, die auf den Augenblick der Vereinigung wartet, die Menschen an sich ziehen will, um damit auch die Sehnsucht der Schöpfung selbst zu erfüllen: Sie streckt sich ja aus auf das Erscheinen der Kinder Gottes hin (*Röm* 8,19). Jesus sehnt sich nach uns, er wartet auf uns. Haben wir eigentlich Sehnsucht nach ihm? Drängt es uns, ihm zu begegnen? Verlangen wir nach seiner Nähe, nach dem Einswerden mit ihm, das er uns in der heiligen Eucharistie schenkt? Oder sind wir gleichgültig, zerstreut, mit anderem angefüllt? Aus den Mahlgleichnissen Jesu wissen wir, dass er die Wirklichkeit der leer bleibenden Plätze kennt, die Absage, das Desinteresse an ihm und seiner Nähe. Die leeren Plätze beim Hochzeitsmahl des Herrn mit oder ohne Entschuldigung – das ist für uns längst kein Gleichnis mehr, sondern gegenwärtige Wirklichkeit gerade in den Ländern, denen er seine besondere Nähe gezeigt hatte. Jesus wusste auch um Gäste, die zwar kommen, aber nicht hochzeitlich bekleidet sein würden – ohne Freude an seiner Nähe, nur einer Gewohnheit folgend und mit ihrem Leben ganz anders ausgerichtet. Der heilige Gregor der Große hat in einer seiner Homilien gefragt: Was sind das für Leute, die ohne hochzeitliches Gewand kommen? Worin besteht dieses Kleid und wie erwirbt man es? Seine Antwort lautet: Die da herbeigerufen sind und kommen, haben irgendwie Glauben. Der Glaube ist es, der ihnen die Tür auftut. Aber ihnen fehlt das hochzeitliche Gewand der Liebe. Wer den Glauben nicht als Liebe lebt, ist nicht für die Hochzeit bereitet und wird hinausgewiesen. Zur eucharistischen Gemeinschaft gehört der Glaube, aber zum Glauben gehört die Liebe, sonst ist er auch als Glaube tot.

Zur eucharistischen Gemeinschaft gehört der Glaube, aber zum Glauben gehört die Liebe, sonst ist er auch als Glaube tot.

Aus allen vier Evangelien wissen wir, dass Jesu letztes Mahl vor dem Leiden auch ein Ort der Verkündigung war. Jesus hat noch einmal eindringlich die tragenden Elemente seiner Botschaft vorgelegt. Wort und Sakrament, Botschaft und Gabe gehören untrennbar zusammen. Jesus hat aber während des letzten Mahles vor allem auch gebetet. Matthäus, Markus und Lukas gebrauchen zwei

Wörter, um das Beten Jesu am zentralen Punkt des Abendmahls zu beschreiben: eucharistesas – eulogesas: danken und segnen. Die aufsteigende Bewegung des Dankens und die absteigende des Segnens gehören zusammen. Die Worte der Verwandlung sind Teil dieses Betens Jesu. Sie sind Gebetsworte. Jesus wandelt seine Passion in Gebet um, in Hingabe an den Vater für die Menschen. Diese Verwandlung seines Leidens in Liebe hat verwandelnde Kraft für die Gaben, in denen er nun sich selber gibt. Er gibt sie uns, damit wir und die Welt verwandelt werden. Das letzte und eigentliche Ziel der eucharistischen Verwandlung ist unsere eigene Verwandlung in die Gemeinschaft mit Christus hinein. Eucharistie zielt auf den neuen Menschen, die neue Welt, wie sie nur von Gott her durch den Dienst des Gottesknechts entstehen kann.

Jesus wandelt seine Passion in Gebet um, in Hingabe an den Vater für die Menschen.

Von Lukas und vor allem von Johannes wissen wir, dass Jesus in seinem Beten während des Letzten Abendmahls auch Bitten an den Vater gerichtet hat – Bitten, die zugleich Anrufe an seine Jünger von damals und für alle Zeiten enthalten. Ich möchte in dieser Stunde nur eine Bitte herausgreifen, die Jesus nach Johannes in seinem hohepriesterlichen Gebet viermal wiederholt hat. Wie sehr muss sie ihn innerlich bedrängt haben! Sie bleibt immerfort seine Bitte an den Vater für uns: Es ist die Bitte um Einheit. Ausdrücklich sagt Jesus, dass diese Bitte nicht nur den anwesenden Jüngern gilt, sondern auf alle zielt, die an ihn glauben werden (*Joh* 17,20). Er bittet, dass alle eins werden „wie du, Vater, in mir und ich in dir […], damit die Welt glaube" (Joh 17,21). Die Einheit der Christen kann nur sein, wenn die Christen mit ihm, mit

Jesus, inwendig geeint sind. Glaube und Liebe zu Jesus, Glaube an sein Einssein mit dem Vater und Öffnungen in die Einheit mit ihm hinein sind wesentlich. Demnach ist diese Einheit nichts bloß Innerliches, nichts bloß Mystisches. Sie muss sichtbar werden, so sichtbar, dass sie für die Welt den Beweis für Jesu Sendung vom Vater her bildet. Insofern hat die Bitte einen verborgenen eucharistischen Sinn, den Paulus im ersten Korinther-Brief offen herausgestellt hat: „Ist das Brot, das wir brechen, nicht Gemeinschaft mit dem Leib Christi? Weil es ein Brot ist, darum sind wir, die vielen, auch ein Leib. Denn wir haben Anteil an dem einen Brot" (1 *Kor* 10,16f). Mit der Eucharistie entsteht die Kirche. Wir alle essen dasselbe Brot, empfangen den gleichen Leib des Herrn, und das bedeutet: Er öffnet uns, jeden über sich selbst hinaus. Er macht uns untereinander eins. Eucharistie ist Geheimnis innerster Nähe und Gemeinschaft jedes Einzelnen mit dem Herrn. Und sie ist zugleich sichtbare Einigung aller untereinander. Eucharistie ist Sakrament der Einheit. Sie reicht ins trinitarische Geheimnis hinein, und so stiftet sie zugleich sichtbare Einheit. Sagen wir es noch einmal: Sie ist persönlichste Begegnung mit dem Herrn und ist doch nie bloß ein Akt individueller Frömmigkeit. Wir feiern sie notwendig miteinander. In jeder Gemeinde ist der Herr ganz. Aber in allen Gemeinden ist er nur einer. Deswegen gehört notwendigerweise zum Hochgebet der Kirche das Wort: „una cum Papa nostro et cum Episcopo nostro". Dies ist nicht eine äußerliche Hinzufügung zum inneren Geschehen, sondern notwendiger Ausdruck der eucharistischen Wirklichkeit selbst. Und wir nennen Papst und Bischof mit Namen: Die Einheit ist ganz konkret, sie hat Namen. So wird

Die Einheit der Christen kann nur sein, wenn die Christen mit ihm, mit Jesus, inwendig geeint sind.

Einheit sichtbar, wird zum Zeichen für die Welt und richtet für uns selbst einen konkreten Maßstab auf.

Eucharistie ist Geheimnis innerster Nähe und Gemeinschaft jedes Einzelnen mit dem Herrn.

Der heilige Lukas hat uns ein konkretes Element der Bitte Jesu um die Einheit aufbewahrt: „Simon, Simon, der Satan hat verlangt, dass er euch wie Weizen sieben darf. Ich aber habe für dich gebetet, dass dein Glaube nicht erlischt. Und wenn du dich wieder bekehrt hast, dann stärke deine Brüder" (*Lk* 22,31f). Wir erleben heute wieder schmerzlich, dass dem Satan gestattet ist, die Jünger sichtbar vor aller Welt zu sieben. Und wir wissen, dass Jesus für den Glauben des Petrus und seiner Nachfolger betet. Wir wissen, dass Petrus, der über die unruhigen Wasser der Geschichte dem Herrn entgegengeht und zu versinken droht, immer wieder von der Hand des Herrn gehalten und über die Wasser geführt wird. Dann aber folgt eine Vorhersage und ein Auftrag. „Wenn du dich bekehrt hast [...]": Alle Menschen, Maria ausgenommen, bedürfen immer wieder der Bekehrung. Jesus sagt dem Petrus seinen Fall und seine Bekehrung voraus. Wovon hat Petrus sich bekehren müssen? Am Anfang seiner Berufung hatte Petrus, erschrocken über die göttliche Macht des Herrn und über seine eigene Armseligkeit, gesagt: „Geh weg von mir, Herr. Ich bin ein sündiger Mensch" (*Lk* 5, 8). Im Licht des Herrn erkennt er sein Ungenügen. Gerade so, in der Demut dessen, der sich als Sünder weiß, wird er berufen. Zu dieser Demut muss er immer wieder finden. Bei Caesarea Philippi hatte er nicht annehmen wollen, dass Jesus leiden und gekreuzigt werden müsse. Das war mit seinem Bild von Gott und vom Messias nicht zu vereinbaren. Im Abendmahlssaal hat er nicht annehmen wollen, dass Jesus ihm die Füße waschen würde: Dies passte nicht zu seinem Bild von der Hoheit des Meisters. Im Ölgarten hat er mit dem Schwert zugeschlagen. Er wollte seine Furchtlosigkeit zeigen. Vor der Magd aber hat er behauptet, Jesus nicht zu kennen. Ihm schien es in diesem Augenblick eine kleine Lüge zu sein, um in der Nähe Jesu bleiben zu können. Sein Heroismus ist in einem kleinlichen Spiel um den Ort in der Mitte der Ereignisse zusammengefallen. Wir alle müssen immer wieder lernen, Gott und Jesus Christus so anzunehmen, wie er ist und nicht so, wie wir ihn haben wollen. Auch wir wollen nicht recht annehmen, dass er sich an die Armseligkeit der Kirche und ihrer Diener gebunden hat. Auch wir wollen nicht annehmen, dass er machtlos ist in dieser Welt. Auch wir verstecken uns hinter Ausreden, wenn die Zugehörigkeit zu ihm uns zu kostspielig und zu gefährlich wird. Wir alle brauchen Bekehrung, die Jesus in seinem Gottsein und Menschsein annimmt. Die Demut des Jüngers, der dem Willen des Meisters folgt. In dieser Stunde wollen wir ihn bitten, dass er auch uns wie Petrus im rechten Augenblick mit seinen gütigen Augen ansieht und uns bekehrt.

Wir alle müssen immer wieder lernen, Gott und Jesus Christus so anzunehmen, wie er ist und nicht so, wie wir ihn haben wollen.

Petrus, der Bekehrte, ist berufen, seine Brüder zu stärken. Es ist keine Äußerlichkeit, dass ihm dieser Auftrag im Abendmahlssaal auferlegt wurde. Der Dienst der Einheit hat seinen sichtbaren Ort in der Feier der heiligen Eucharistie. Für den Papst ist es eine große Stärkung zu wissen, dass in jeder Eucharistiefeier von allen für ihn gebetet wird. Dass unser Beten sich mit dem Beten des Herrn für Petrus vereinigt. Nur vom Gebet Jesu und der Kirche her kann der Papst seinem Auftrag genügen, die Brüder zu stärken – die Herde Jesu zu weiden und für jene Einheit einzustehen, die sichtbares Zeugnis der Sendung Jesu vom Vater her wird.

„Mit Sehnsucht habe ich darauf gewartet, dieses Paschamahl mit euch zu feiern." Herr, du hast Sehnsucht nach uns, nach mir. Du hast Sehnsucht danach, dich uns in der heiligen Eucharistie mitzuteilen, dich mit uns zu vereinigen. Herr, erwecke auch in uns die Sehnsucht nach dir. Stärke uns in der Einheit mit dir und untereinander. Schenke deiner Kirche die Einheit, damit die Welt glaube.

Papst Benedikt XVI.: Predigt vom 21. April 2011

Die Kreuzigung (Lk 23,26–43)

Ich möchte über das Gebet Jesu am Kreuz beim Herannahen des Todes nachdenken und heute über den Bericht sprechen, den wir im Evangelium des hl. Lukas finden. Der Evangelist hat uns drei Worte Jesu am Kreuz überliefert. Zwei von ihnen – das erste und das letzte – sind ausdrücklich an den Vater gerichtete Gebete, während das zweite in der Verheißung an den sogenannten guten Schächer besteht, der mit ihm gekreuzigt wird. Denn als Antwort auf die Bitte des Schächers sichert Jesus ihm zu: „Amen, ich sage dir: Heute noch wirst du mit mir im Paradies sein" (*Lk* 23,43). Im Bericht des Lukas sind die beiden Gebete, die der sterbende Jesus an den Vater richtet, und die Erhörung der Bitte, die der reuige Sünder an ihn richtet, eindrucksvoll miteinander verbunden. Jesus betet zum Vater und erhört gleichzeitig das Gebet dieses Mannes, der oft als „latro

poenitens“ bezeichnet wird, als „reuiger Verbrecher“.
Betrachten wir diese drei Gebete Jesu etwas näher. Das erste spricht er, gleich nachdem er ans Kreuz genagelt wurde, während die Soldaten seine Kleider unter sich verteilen als traurigen Lohn für ihren Dienst. Diese Handlung schließt den Prozess der Kreuzigung gewissermaßen ab. Der hl. Lukas schreibt: „Sie kamen zur Schädelhöhe; dort kreuzigten sie ihn und die Verbrecher, den einen rechts von ihm, den anderen links. Jesus aber betete: Vater, vergib ihnen, denn sie wissen nicht, was sie tun. Dann warfen sie das Los und verteilten seine Kleider unter sich“ (23,33–34). Das erste Gebet, das Jesus an den Vater richtet, ist eine Fürbitte: Er bittet um Vergebung für seine eigenen Henker. Damit vollzieht Jesus selbst, was er in der Bergpredigt gelehrt hatte, als er sagte: „Euch, die ihr mir zuhört, sage ich: Liebt eure Feinde; tut denen Gutes, die euch hassen“ (*Lk* 6,27), und wo er denen versprach, die vergeben können: „Euer Lohn [wird] groß sein und ihr werdet Söhne des Höchsten sein“ (V. 35). Jetzt, vom Kreuz herab, vergibt er nicht nur seinen Henkern, sondern wendet sich direkt an den Vater und hält Fürsprache für sie.

„Amen, ich sage dir: Heute noch wirst du mit mir im Paradies sein.“ (*Lk* 23,43)

Diese Haltung Jesu findet eine bewegende „Nachahmung“ im Bericht über die Steinigung des Stephanus, des ersten Märtyrers. Denn Stephanus, nunmehr dem Ende nahe, sank „in die Knie und schrie laut: Herr, rechne ihnen diese Sünde nicht an! Nach diesen Worten starb er“ (*Apg* 7,60): Das war sein letztes Wort. Der Vergleich zwischen dem Gebet Jesu um Vergebung und dem des Erzmärtyrers ist bedeutsam. Der hl. Stephanus wendet sich an den auferstandenen Herrn und bittet, dass seine Ermordung – eine Handlung, die durch den Ausdruck „diese Sünde" deutlich benannt wird – seinen Steinigern nicht angerechnet werden möge. Jesus wendet sich am Kreuz an den Vater und bittet nicht nur um Vergebung für seine Kreuziger, sondern gibt auch eine Auslegung dessen, was geschieht. Denn die Männer, die ihn kreuzigen, „wissen nicht, was sie tun", so seine Worte (*Lk* 23,34). Er gibt also die Unkenntnis, das „Nichtwissen" als Grund dafür an, dass er den Vater um Vergebung bittet, denn diese Unkenntnis lässt den Weg zur Bekehrung offen, wie es übrigens in den Worten, die der Hauptmann beim Tod Jesu aussprechen wird, geschieht: „Das war wirklich ein gerechter Mensch" (V. 47), er war der Sohn Gottes. „Um so mehr bleibt es für alle Zeiten und für alle Menschen ein Trost, dass der Herr sowohl bei den wirklich Nichtwissenden, den Henkern, wie bei den Wissenden, die ihn verurteilt hatten, ihr Nichtwissen zum Grund der Bitte der Vergebung macht – es als Tür ansieht, die uns der Bekehrung öffnen kann" (*Jesus von Nazareth*, II,232).

„Euch, die ihr mir zuhört, sage ich: Liebt eure Feinde; tut denen Gutes, die euch hassen." (*Lk* 6,27)

Das zweite Wort Jesu am Kreuz, das der hl. Lukas überliefert, ist ein Wort der Hoffnung, die Antwort auf das Gebet eines der beiden Männer, die mit ihm gekreuzigt werden. Der gute Schächer geht vor Jesus in sich und bereut, er merkt, dass er sich vor dem Sohn Gottes befindet, der das Angesicht Gottes sichtbar macht, und bittet ihn: „Jesus, denk an mich, wenn du in dein Reich kommst" (V. 42). Die Antwort des Herrn auf dieses Gebet geht weit über die Bitte hinaus, denn er sagt: „Amen, ich sage dir: Heute noch wirst du mit mir im Paradies sein" (V. 43). Jesus weiß, dass er direkt in die Gemeinschaft mit dem

Vater eintritt und dem Menschen den Weg zu Gottes Paradies wieder öffnet. So schenkt er durch diese Antwort die feste Hoffnung, dass Gottes Güte uns auch im letzten Augenblick des Lebens berühren kann und das aufrichtige Gebet auch nach einem verkehrten Leben die geöffneten Arme des guten Vaters findet, der auf die Rückkehr des Sohnes wartet.

„Sie wissen nicht, was sie tun." (*Lk* 23,34)

Verweilen wir jedoch bei den letzten Worten des sterbenden Jesus. Der Evangelist berichtet: „Es war etwa um die sechste Stunde, als eine Finsternis über das ganze Land hereinbrach. Sie dauerte bis zur neunten Stunde. Die Sonne verdunkelte sich. Der Vorhang im Tempel riss mitten entzwei, und Jesus rief laut: Vater, in deine Hände lege ich meinen Geist. Nach diesen Worten hauchte er den Geist aus" (V. 44–46). Einige Aspekte dieses Berichts sind anders als in dem Bild, das in Markus und in Matthäus aufgezeigt wird. Die dreistündige Finsternis wird bei Markus nicht beschrieben, während sie in Matthäus mit einer Reihe verschiedener apokalyptischer Ereignisse verbunden ist, wie dem Erdbeben, dem Öffnen der Gräber, den Toten, die auferstehen (vgl. *Mt* 27,51–53). In Lukas haben die Stunden der Dunkelheit ihre Ursache in der Verfinsterung der Sonne, aber in jenem Augenblick reißt auch der Vorhang im Tempel entzwei. Auf diese Weise enthält der lukanische Bericht zwei Zeichen, die in gewisser Weise parallel sind, am Himmel und im Tempel. Der Himmel verliert sein Licht, die Erde öffnet sich, während im Tempel, dem Ort der Gegenwart Gottes, der Vorhang, der das Heiligtum schützt, entzwei reißt. Der Tod Jesu wird ausdrücklich als kosmisches und liturgischen Ereignis beschrieben; insbesondere bezeichnet es den Beginn eines neuen Kultes, in einem Tempel, der nicht von Menschen erbaut ist, denn der Leib des gestorbenen und auferstandenen Jesus selbst sammelt die Völker und vereint sie im Sakrament seines Leibes und seines Blutes.

„Der Menschensohn wird den Menschen ausgeliefert werden." (*Lk* 9,44)

Das Gebet Jesu in diesem Augenblick des Leidens – „Vater, in deine Hände lege ich meinen Geist" – ist ein lauter Schrei der äußersten und völligen Hingabe an Gott. Dieses Gebet bringt das volle Bewusstsein zum Ausdruck, nicht verlassen zu sein. Die Anrufung, die am Anfang steht – „Vater" –, ruft seine erste Aussage als zwölfjähriger Junge in Erinnerung. Damals war er drei Tage lang im Tempel von Jerusalem geblieben, dessen Vorhang jetzt entzwei gerissen ist. Und als die Eltern ihm ihre Besorgnis dargelegt hatten, hatte er geantwortet: „Warum habt ihr mich gesucht? Wusstet ihr nicht, dass ich in dem sein muss, was meinem Vater gehört?" (*Lk* 2,49). Von Anfang bis Ende ist das, was das Empfinden Jesu, sein Wort, sein Handeln vollkommen bestimmt, die einzigartige Beziehung zum Vater. Am Kreuz lebt er in Fülle, in der Liebe, die kindliche Beziehung zu Gott, die sein Beten beseelt.

Die Worte, die Jesus nach der Anrufung „Vater" ausspricht, greifen ein Wort aus *Psalm* 31 auf: „In deine Hände lege ich voll Vertrauen meinen Geist" (*Ps* 31,6). Diese Worte sind jedoch nicht einfach nur ein Zitat. Vielmehr offenbaren sie einen festen Entschluss. Jesus „liefert sich aus" an den Vater in einem Akt völliger Hingabe. Diese Worte sind ein Gebet der „Hingabe", voll Vertrauen in die Liebe Gottes. Das Beten Jesu im Angesicht des Todes ist ebenso dramatisch wie für jeden Menschen, aber gleichzeitig ist es durchdrungen von jener tiefen Ruhe, die aus dem Vertrauen in den Vater entsteht und aus dem Willen, sich ihm völlig auszuliefern. Im Garten Getsemani, als er in den Endkampf und in das tiefste Gebet eingetreten war und „den Menschen ausgeliefert werden" sollte (*Lk* 9,44), wurde sein Schweiß „wie Blut, das auf die Erde tropfte" (*Lk* 22,44). Aber sein Herz war vollkommen gehorsam gegenüber dem Willen des Vaters, und daher war „ein Engel vom Himmel" gekommen, um ihn zu trösten (vgl. *Lk* 22,42–43). Jetzt, in den letzten Augenblicken, wendet Jesus sich an den Vater und sagt, in welche Hände er wirklich sein ganzes Leben ausliefert. Vor dem Aufbruch zur Reise nach Jerusalem hatte Jesus seinen Jüngern noch einmal gesagt: „Merkt euch genau, was ich jetzt sage: Der Menschensohn wird den Menschen ausgeliefert werden" (*Lk* 9,44). Jetzt, wo das Leben ihn verlässt, besiegelt er im Gebet seinen letzten Entschluss: Jesus hat sich den Händen der Menschen ausliefern lassen, aber er legt seinen Geist in die Hände des Vaters. So ist – wie der Evangelist Johannes sagt – alles vollbracht, der höchste Akt der Liebe ist vollendet, bis an die Grenzen und über die Grenzen hinaus.

„Vergib uns unsere Schuld, wie auch wir vergeben unsern Schuldigern."
(*Mt* 6,9)

Die Worte Jesu am Kreuz in den letzten Augenblicken seines irdischen Lebens geben wertvolle Hinweise für unser Beten, aber sie öffnen es auch auf ein ruhiges Vertrauen und eine feste Hoffnung hin. Jesus, der den Vater bittet, denen zu vergeben, die ihn kreuzigen, fordert uns auf zu der schwierigen Geste, auch für jene zu beten, die uns Unrecht tun, die uns Schaden zugefügt haben – stets vergeben zu können, auf dass das Licht Gottes ihr Herz erleuchten möge; und er lädt uns ein, in unserem Beten dieselbe Haltung der Barmherzigkeit und der Liebe zu leben, die Gott uns gegenüber einnimmt: „Vergib uns unsere Schuld, wie auch wir vergeben unsern Schuldigern“, beten wir täglich im „Vaterunser“. Gleichzeitig vermittelt uns Jesus, der sich im Angesicht des Todes völlig den Händen Gottes anvertraut, die Gewissheit: So hart die Prüfungen, so schwierig die Probleme, so schwer das Leiden auch sein mag, wir werden nie aus Gottes Händen fallen, jenen Händen, die uns geschaffen haben, die uns tragen und uns auf dem Lebensweg begleiten, weil sie geführt sind von einer unendlichen und treuen Liebe.

Papst Benedikt XVI.: Generalaudienz vom 15. Februar 2012

Die Botschaft der Engel vom leeren Grab (Lk 24,1–12)

Im Evangelium [...] begegnen wir als ersten den Frauen, die sich mit den wohlriechenden Salben zum Grab Jesu begeben, um seinen Leichnam zu salben (vgl. *Lk* 24,1–3). Sie gehen, um eine Geste des Mitleids, der Zuneigung, der Liebe auszuführen, eine traditionelle Geste gegenüber einem lieben Verstorbenen, wie auch wir sie zu tun pflegen. Sie waren Jesus gefolgt, hatten ihm zugehört, hatten sich von ihm in ihrer Würde verstanden gefühlt und hatten ihn bis zum Ende begleitet, bis auf den Kalvarienberg und bis zum Moment der Kreuzesabnahme. Wir können uns ihre Gefühle vorstellen, während sie zum Grab gehen: eine gewisse Traurigkeit, der Schmerz, weil Jesus sie verlassen hatte, tot war; seine Geschichte war zu Ende. Nun kehrte man zu dem vorigen Leben zurück. Doch in den Frauen blieb die Liebe wach, und die Liebe zu Jesus ist es, die sie gedrängt hatte, zum Grab zu gehen. Doch an diesem Punkt geschieht etwas völlig Unerwartetes, Neues, das ihre Herzen erschüttert und ihre Pläne umstößt und das auch ihr Leben in andere Bahnen werfen wird: Sie sehen den Stein weggewälzt vom Grab, kommen näher und finden den Leichnam des Herrn nicht. Das ist etwas, das sie ratlos macht, Zweifel aufkommen lässt, sie mit Fragen erfüllt: „Was ist los?“, „Was soll das alles bedeuten?“ (vgl. *Lk* 24,4). Geht es nicht auch uns so, wenn im täglichen Ablauf der Dinge etwas wirklich Neues geschieht? Wir halten inne, verstehen nicht, wissen nicht, wie wir damit umgehen sollen. Das *Neue* macht uns häufig Angst, auch das Neue, was Gott uns bringt, das Neue, das Gott von uns verlangt. Wir sind wie die Apostel aus dem Evangelium: Oft ziehen wir es vor, unsere Sicherheiten beizubehalten, bei einem Grab stehenzubleiben im Gedanken an den Verstorbenen, der schließlich nur in der Erinnerung der Geschichte lebt wie die großen Persönlichkeiten der Vergangenheit. Wir haben Angst vor den Überraschungen Gottes; in unserem Leben haben wir Angst vor den Überraschungen Gottes! Er überrascht uns immer! So ist der Herr. Verschließen wir uns nicht dem Neuen, das Gott in unser Leben bringen will! Sind wir oft müde, enttäuscht, traurig, spüren wir die Last unserer Sünden, meinen wir, es nicht zu schaffen? Verschließen wir uns nicht in uns selbst, verlieren wir nicht die Zuversicht, geben wir niemals auf: Es gibt keine Situation, die Gott nicht ändern kann, es gibt keine Sünde,

Das *Neue* macht uns häufig Angst, auch das Neue, was Gott uns bringt, das Neue, das Gott von uns verlangt.

die er nicht vergeben kann, wenn wir uns ihm öffnen. Kehren wir zurück zu den Frauen und gehen wir einen Schritt weiter. Sie finden das leere Grab, der Leichnam Jesu ist nicht da, etwas Neues ist geschehen, aber all das besagt noch nichts Klares – es löst Fragen aus, Ratlosigkeit, ohne eine Antwort zu bieten. Und siehe da, plötzlich zwei Männer in leuchtenden Gewändern, die sagen: „Was sucht ihr den Lebenden bei den Toten? Er ist nicht hier, sondern er ist auferstanden" (*Lk* 24,5–6). Was eine einfache Geste, eine Tat, sicher aus Liebe getan – das Gehen zum Grab – verwandelt sich jetzt in ein Ereignis, in ein Geschehnis, das wirklich das Leben verändert. Nichts bleibt wie zuvor, nicht nur im Leben jener Frauen, sondern auch in unserem Leben und in unserer Menschheitsgeschichte. Jesus ist nicht ein Toter, er ist auferstanden, er ist der Lebende! Er ist nicht einfach ins Leben zurückgekehrt, sondern er ist das Leben selbst, denn er ist der Sohn Gottes, des Lebendigen (vgl. *Num* 14,21–28; *Dtn* 5,26; Jos 3,10). Jesus ist nicht mehr in der Vergangenheit, sondern er lebt in der Gegenwart und ist auf die Zukunft hin ausgerichtet, Jesus ist das ewige „Heute" Gottes. So zeigt sich die Neuheit Gottes vor den Augen der Frauen, der Jünger, vor unser aller Augen: der Sieg über die Sünde, über das Böse, über den Tod, über alles, was das Leben belastet und ihm ein weniger menschliches Aussehen verleiht. Und das ist eine Botschaft, die an mich, an dich, gerichtet ist. Wie oft brauchen wir es, dass die Liebe uns sagt: Was sucht ihr den Lebenden bei den Toten? Die Probleme, die Sorgen des Alltags können uns leicht dazu bringen, uns in uns selbst, in der Traurigkeit, in der Bitterkeit zu verschlie-

Es gibt keine Situation, die Gott nicht ändern kann, es gibt keine Sünde, die er nicht vergeben kann.

ßen... und darin liegt der Tod. Suchen wir nicht dort den Lebenden! Lass also zu, dass der auferstandene Jesus in dein Leben eintritt, nimm ihn auf als Freund, mit Vertrauen: Er ist das Leben! Wenn du bis jetzt fern von ihm warst, tu einen kleinen Schritt: Er wird dich mit offenen Armen empfangen. Wenn du gleichgültig bist, akzeptiere das Risiko: Du wirst nicht enttäuscht sein. Wenn es dir schwierig erscheint, ihm zu folgen, hab' keine Angst, vertrau' dich ihm an, sei sicher, dass er dir nahe ist, er ist auf deiner Seite und wird dir den Frieden geben, den du suchst, und die Kraft, so zu leben, wie er will. Da ist noch ein letztes Element im Evangelium dieser lichtvollen Osternacht, das ich hervorheben möchte. Die Frauen begegnen der Neuheit Gottes: Jesus ist auferstanden, er ist der Lebende! Aber angesichts des leeren Grabes und der beiden Männer in leuchtenden Gewändern ist ihre erste Reaktion ein Erschrecken: Sie „blickten zu Boden" – bemerkt der heilige Lukas –, hatten nicht einmal den Mut aufzusehen. Als sie aber die Verkündigung von der Auferstehung hören, nehmen sie sie gläubig an. Und die beiden Männer in leuchtenden Gewändern führen ein grundlegendes Verb ein: erinnern. „Erinnert euch an das, was er euch gesagt hat, als er noch in Galiläa war ...Da erinnerten sie sich an seine Worte" (*Lk* 24,6.8). Dies ist die Einladung, sich an die Begegnung mit Jesus, an seine Worte, seine Taten, sein Leben zu *erinnern;* und gerade dieses liebevolle Sich-Erinnern an die Erfahrung mit dem Meister ist es, was die Frauen dazu bringt, jegliche Furcht zu überwinden und die Verkündigung von der Auferstehung zu den Aposteln und zu allen anderen zu bringen (vgl. *Lk* 24,9). Sich an das erinnern, was Gott für mich,

Lernen wir, uns an das zu erinnern, was Gott in unserem Leben getan hat.

für uns getan hat und tut, sich an den zurückgelegten Weg erinnern – das öffnet das Herz für die Hoffnung auf die Zukunft. Lernen wir, uns an das zu erinnern, was Gott in unserem Leben getan hat. In dieser Nacht des Lichtes bitten wir auf die Fürsprache der Jungfrau Maria, die alle Ereignisse in ihrem Herzen bewahrte (vgl. *Lk* 2,19.51), dass der Herr uns an seiner Auferstehung teilhaben lasse: Er öffne uns für die verwandelnde Neuheit, für die Überraschungen Gottes, die so schön sind; er mache uns zu Menschen, die fähig sind, sich an das zu erinnern, was er in ihrer persönlichen Geschichte und in der Welt gewirkt hat; er mache uns fähig, ihn zu spüren als den Lebenden, der mitten unter uns lebt und wirkt; er lehre uns Tag für Tag, den Lebenden nicht bei den Toten zu suchen.

Papst Franziskus: Predigt vom 30. März 2013

Die Begegnung mit dem Auferstandenen auf dem Weg nach Emmaus (Lk 24,13–35)

Es wird von zwei Jüngern Christi erzählt, die einen Tag nach dem Sabbat, das heißt am dritten Tag nach seinem Tod, Jerusalem traurig und niedergeschlagen verließen, um sich in ein nicht weit entferntes Dorf zu begeben, das Emmaus hieß. Unterwegs gesellte sich der auferstandene Jesus zu ihnen, sie aber erkannten ihn nicht. Da er ihre Bedrücktheit bemerkte, erklärte er ihnen auf der Grundlage der Schrift, dass der Messias leiden und sterben musste, um so in seine Herrlichkeit zu gelangen. Nachdem er dann mit ihnen in ihr Haus hineingegangen war, setzte er sich zu Tisch, segnete das Brot und brach es, und da erkannten sie ihn, er aber entzog sich ihren Blicken und ließ sie voller Staunen vor jenem gebrochenen Brot, dem neuen Zeichen seiner Gegenwart. Und sofort kehrten die beiden nach Jerusalem zurück und erzählten das Geschehene den anderen Jüngern.

Wir haben geglaubt, wir sind nachgefolgt, wir haben gehofft.

Die Ortschaft Emmaus ist nicht mit Sicherheit identifiziert worden. Es gibt verschiedene Hypothesen, und das hat gewiss seinen Reiz, denn es lässt uns denken, dass Emmaus in Wirklichkeit für jeden Ort steht: die Straße, die dorthin führt, ist der Weg eines jeden Christen, ja eines jeden Menschen. Auf unseren Wegen wird der auferstandene Jesus zum Weggefährten, um in unseren Herzen die Wärme des Glaubens und der Hoffnung zu entfachen und das Brot des ewigen Lebens zu brechen. Im Gespräch der Jünger mit dem unbekannten Wegbegleiter beeindruckt das Wort, das der Evangelist Lukas einem von ihnen in den Mund legt: „Wir aber hatten gehofft..." (24,21). Dieses Wort in der Vergangenheitsform sagt alles: Wir haben geglaubt, wir sind nachgefolgt, wir haben gehofft ..., aber nun ist alles vorbei. Auch Jesus von Nazaret, der sich in Werken und Worten als mächtiger Prophet erwiesen hatte, ist gescheitert, und wir sind enttäuscht worden. Diese dramatische Situation der Emmausjünger spiegelt die Situation vieler Christen der heutigen Zeit wider: die Hoffnung des Glaubens scheint gescheitert zu sein. Der

Glaube selbst gerät in eine Krise aufgrund der negativen Erfahrungen, in denen wir uns auch vom Herrn verlassen fühlen. Aber dieser Weg nach Emmaus, auf dem wir unterwegs sind, kann so zum Weg einer Läuterung und Reifung unseres Glaubens an Gott werden: Auch heute können wir ein Gespräch mit Jesus beginnen, indem wir auf sein Wort hören. Auch heute bricht er für uns das Brot und schenkt uns sich selbst als unser Brot. Und so schenkt uns die Begegnung mit dem auferstandenen Christus, die auch heute möglich ist, einen tieferen und authentischeren Glauben, der sozusagen im Feuer des Osterereignisses gehärtet wird; einen starken Glauben, da er sich nicht von menschlichen Ideen nährt, sondern vom Wort Gottes und von seiner wirklichen Gegenwart in der Eucharistie.

Auch heute bricht [Jesus] für uns das Brot und schenkt uns sich selbst als unser Brot.

Dieser wunderbare Text aus dem Evangelium enthält bereits die Struktur der Heiligen Messe: im ersten Teil das Hören des Wortes durch die Heilige Schrift; im zweiten Teil die eucharistische Liturgie und die Gemeinschaft mit dem im Sakrament seines Leibes und seines Blutes gegenwärtigen Christus. Indem sich die Kirche an diesem zweifachen Tisch nährt, wird sie unablässig erbaut und Tag für Tag im Glauben, in der Hoffnung und der Liebe erneuert.

Papst Benedikt XVI.: Regina Caeli vom 6. April 2008

Nachdem die Jünger dem Tod am Kreuz und der Grablegung Jesu beigewohnt haben, gehen zwei seiner Jünger enttäuscht und niedergeschlagen aus Jerusalem fort und kehren in ihr Dorf namens Emmaus zurück.

Während sie unterwegs sind, kommt Jesus hinzu und beginnt, mit ihnen zu sprechen, aber ihre Augen, von Traurigkeit und Verzweiflung getrübt, sind nicht in der Lage, ihn zu erkennen. Jesus geht mit ihnen, aber sie sind so traurig, so verzweifelt, dass sie ihn nicht erkennen. Als der Herr ihnen jedoch die Schrift erläutert, damit sie verstehen, dass er leiden und sterben musste, um dann aufzuerstehen, öffnet sich ihr Verstand und entzündet sich in ihren Herzen wieder die Hoffnung (vgl. *Lk* 24,13–27). Und das ist es, was der Heilige Geist mit uns macht: Er öffnet unseren Verstand, er öffnet uns, um besser zu verstehen, um die Dinge Gottes besser zu verstehen, die menschlichen Dinge, die Situationen, alles. Die Gabe der Einsicht ist wichtig für unser christliches Leben. Bitten wir den Herrn um sie, auf dass er uns, auf dass er uns allen diese Gabe schenke, um das, was geschieht, zu verstehen, so wie er es versteht, und um vor allem das Wort Gottes im Evangelium zu verstehen.

Papst Franziskus: Generalaudienz vom 30. April 2014

Die Erscheinung des Auferstandenen in Jerusalem (Lk 24,36–53)

Der kurze Text „Ihr seid Zeugen dafür" muss im Zusammenhang des ganzen 24. Kapitels des Lukasevangeliums gelesen werden. Rufen wir uns kurz den Inhalt dieses Kapitels in Erinnerung. Zuerst gehen die Frauen zum Grab, sie sehen die Zeichen der Auferstehung Jesu und berichten den Aposteln und den anderen Jüngern, was sie gesehen haben (V. 8); dann erscheint der Auferstandene selbst den Emmausjüngern auf dem Weg; er erscheint dem Simon Petrus und danach den „Elf und den anderen Jüngern, die versammelt waren" (V. 33). Er öffnet ihren Geist für das Verständnis der Schrift bezüglich seines Erlösungstodes und seiner Auferstehung und versichert: „In seinem Namen wird man allen Völkern... verkünden, sie sollen umkehren, damit ihre Sünden vergeben werden" (V. 47). Den „versammelten" Jüngern, die Zeugen seiner Sendung gewesen sind, verheißt der auferstandene Herr die Gabe des Heiligen Geistes (vgl. V. 49), damit sie gemeinsam vor allen Völkern von ihm Zeugnis geben. Aus diesem Auftrag – „Ihr seid Zeugen dafür" (vgl. *Lk* 24,48) – ergeben sich für uns zwei Fragen. Die erste: Was heißt „dafür"? Die zweite: Wie können wir „dafür" Zeugen sein?

Wir können nur Zeugen sein, wenn wir Christus aus erster Hand und nicht nur von anderen kennen, aus unserem eigenen Leben.

Wenn wir den Zusammenhang des Kapitels betrachten, besagt „dafür" vor allem Kreuz und Auferstehung: Die Jünger haben die Kreuzigung des Herrn gesehen, sie sehen den Auferstandenen und beginnen so, alle Schriftstellen zu verstehen, die vom Geheimnis des Leidens und vom Geschenk der Auferstehung sprechen. „Dafür" ist also das Geheimnis Christi, des Gottessohnes, der Mensch geworden, für uns gestorben und auferstanden ist, der ewig lebt und daher Gewähr unseres ewigen Lebens ist.
Doch da wir Christus kennen – das ist der wesentliche Punkt –, kennen wir das Antlitz Gottes. Christus ist vor allem die Offenbarung Gottes. Zu allen Zeiten nehmen die Menschen das Dasein Gottes wahr, des einen Gottes, der aber fern ist und sich nicht zeigt. In Christus zeigt sich

dieser Gott, der ferne Gott wird nahe. „Dafür" ist also – vor allem mit dem Geheimnis Christi – Gott, der uns nahe geworden ist. Das schließt eine weitere Dimension ein: Christus ist nie allein; er ist mitten unter uns gekommen, er ist alleine gestorben, aber er ist auferstanden, um alle an sich zu ziehen. Christus schafft sich, wie die Schrift sagt, einen Leib, er vereint die ganze Menschheit in seiner Wirklichkeit des unsterblichen Lebens. Und so kennen wir in Christus, der die Menschheit vereint, die Zukunft der Menschheit: das ewige Leben. All dies ist daher letztlich sehr einfach: Wir kennen Gott dadurch, dass wir Christus kennen, seinen Leib, das Geheimnis der Kirche und die Verheißung des ewigen Lebens.

Auch uns muss klar sein, dass das Eingehen in die Herrlichkeit Gottes die tägliche Treue gegenüber seinem Willen erfordert.

Kommen wir jetzt zur zweiten Frage. Wie können wir „dafür" Zeugen sein? Wir können Zeugen nur dadurch sein, dass wir Christus kennen und durch die Kenntnis Christi auch Gott kennen. Die Kenntnis Christi jedoch schließt gewiss eine intellektuelle Dimension ein – das Lernen all dessen, was wir von Christus kennen –, sie ist aber immer viel mehr als ein intellektueller Prozess: Sie ist ein existentieller Prozess, ein Prozess der Öffnung meines Ich, meiner Verwandlung durch die Gegenwart und Kraft Christi, und insofern auch ein Prozess der Öffnung gegenüber allen anderen, die Leib Christi sein sollen. Auf diese Weise ist offensichtlich, dass die Kenntnis Christi als intellektueller und vor allem existentieller Prozess ein Prozess ist, der uns zu Zeugen macht. Mit anderen Worten: Wir können nur Zeugen sein, wenn wir Christus aus erster Hand und nicht nur von anderen kennen, aus unserem eigenen Leben, aus unserer persönlichen Begegnung mit Christus.

Indem wir ihm wirklich in unserem Glaubensleben begegnen, werden wir zu Zeugen und können so zur Neuheit der Welt, zum ewigen Leben beitragen. Der Katechismus der Katholischen Kirche gibt uns auch einen Hinweis zum Inhalt dieses „dafür". Die Kirche hat das Wesentliche all dessen, was der Herr uns in der Offenbarung geschenkt hat, im „*sogenannten Nizäno-konstantinopolitanischen Glaubensbekenntnis*" zusammengefasst, das eine große Autorität besitzt, „weil es aus den beiden ersten Ökumenischen Konzilien (325 und 381) hervorging" (*KKK*, 195). Der Katechismus präzisiert, dass dieses Symbolum „noch heute allen großen Kirchen des Ostens und des Westens gemeinsam ist" (*ebd.*). In diesem Glaubensbekenntnis finden sich also die Glaubenswahrheiten, welche die Christen gemeinsam bekennen und bezeugen können, damit die Welt glaubt, indem sie mit dem Verlangen und dem Einsatz zur Überwindung der bestehenden Gegensätze den Willen bekunden, zur vollen Gemeinschaft, zur Einheit des Leibes Christi unterwegs zu sein.

Papst Benedikt XVI.: Generalaudienz vom 20. Januar 2010

Im Glaubensbekenntnis finden wir den Satz: Jesus ist „aufgefahren in den Himmel. Er sitzt zur Rechten des Vaters". Das irdische Leben Jesu mündet in das Ereignis der Himmelfahrt, das heißt dass er von dieser Welt zum Vater geht und zu seiner Rechten erhoben wird. Welche Bedeutung hat dieses Ereignis? Welche Folgen hat es für unser Leben? Was bedeutet es, Jesus zu betrachten, der zur Rechten des Vaters sitzt? Lassen wir uns dazu vom

Evangelisten Lukas leiten. Wir wollen bei dem Augenblick beginnen, in dem Jesus sich entschließt, seine letzte Pilgerreise nach Jerusalem zu unternehmen. Der hl. Lukas schreibt: „Als die Zeit herankam, in der er (in den Himmel) aufgenommen werden sollte, entschloss sich Jesus, nach Jerusalem zu gehen" (*Lk* 9,51). Als er zur heiligen Stadt „hinaufgeht", wo sein „Auszug" aus diesem Leben stattfinden wird, sieht Jesus bereits das Ziel, den Himmel, aber er weiß sehr wohl, dass der Weg, der ihn in die Herrlichkeit des Vaters zurückbringt, über das Kreuz führt, über den Gehorsam gegenüber dem göttlichen Liebesplan für die Menschheit. Der *Katechismus der Katholischen Kirche* sagt: „Das Erhöhtwerden am Kreuz bedeutet das Erhöhtwerden bei der Himmelfahrt und kündigt es an" (Nr. 662). Auch uns muss in unserem christlichen Leben klar sein, dass das Eingehen in die Herrlichkeit Gottes die tägliche Treue gegenüber seinem Willen erfordert, auch wenn dies Opfer verlangt, wenn es manchmal verlangt, unsere Pläne zu ändern. Die Himmelfahrt Jesu geschah konkret auf dem Ölberg, in der Nähe des Ortes, an den er sich vor dem Leiden zum Gebet zurückgezogen hatte, um tief mit dem Vater vereint zu bleiben: Wieder einmal sehen wir, dass das Gebet uns die Gnade schenkt, in Treue zum Plan Gottes zu leben. Am Ende seines Evangeliums berichtet der hl. Lukas in sehr synthetischer Form vom Ereignis der Himmelfahrt. Jesus führte die Jünger „hinaus in die Nähe von Betanien. Dort erhob er seine Hände und segnete sie. Und während er sie segnete, verließ er sie und wurde zum Himmel emporgehoben; sie aber fielen vor ihm nieder. Dann kehrten sie in großer Freude nach Jeru-

Wir haben einen Fürsprecher, der uns gegen uns selbst, gegen unsere Sünden verteidigt!

salem zurück. Und sie waren immer im Tempel und priesen Gott" (24,50–53), so der hl. Lukas.
Ich möchte auf zwei Elemente des Berichtes hinweisen. Zunächst vollzieht Jesus bei der Himmelfahrt die priesterliche Geste des Segnens, und gewiss bringen die Jünger durch das Niederfallen ihren Glauben zum Ausdruck. Sie knien nieder und beugen das Haupt. Das ist ein erster wichtiger Punkt: Jesus ist der einzige und ewige Priester, der in seinem Leiden durch Tod und Grab hindurchgegangen und der auferstanden und zum Himmel aufgefahren ist; er ist bei Gott, dem Vater, wo er für immer für uns Fürsprache hält (vgl. *Hebr* 9,24). Wie der hl. Johannes in seinem Ersten Brief sagt, ist er unser Fürsprecher: Wie schön, das zu hören! Wenn jemand vor den Richter gerufen wird oder einen Prozess anstrengt, dann sucht er sich als Erstes einen Fürsprecher, einen Anwalt, der ihn verteidigt. Wir haben einen Fürsprecher, der uns immer verteidigt, der uns gegen die List des Teufels verteidigt, der uns gegen uns selbst, gegen unsere Sünden verteidigt!

„Alles muss in Erfüllung gehen, was im Gesetz steht." (*Lk* 24,44)

Wir haben diesen Fürsprecher: Wir dürfen keine Angst haben, zu ihm zu gehen und um Vergebung zu bitten, um Segen zu bitten, um Barmherzigkeit zu bitten! Er vergibt uns immer, er ist unser Fürsprecher: Er verteidigt uns immer! Vergesst das nicht! Die Himmelfahrt Jesu lässt uns also diese Wirklichkeit erkennen, die so tröstlich ist für unseren Weg: In Christus, dem wahren Gott und wahren Menschen, wurde unser Menschsein zu Gott getragen; er hat uns den Übergang eröffnet; er ist gleichsam wie der Führer einer Seilschaft beim Bergsteigen: Er ist auf dem Gipfel angekommen, zieht uns zu sich und führt uns zu Gott. Wenn wir unser Leben ihm anvertrauen, wenn wir uns von ihm führen lassen, dann sind wir gewiss, in sicheren Händen zu sein, in der Hand unseres Retters, unseres Fürsprechers. Ein zweites Element: Der hl. Lukas berichtet, dass die Apostel, nachdem sie gesehen hatten, wie Jesus zum Himmel auffuhr, „in großer Freude" nach Jerusalem zurückkehrten.

Betend betrachten und handeln, „Ora et labora", lehrt der hl. Benedikt.

Das kommt uns etwas seltsam vor. Wenn wir von unseren Angehörigen, von unseren Freunden getrennt werden und endgültig Abschied nehmen müssen, vor allem aufgrund des Todes, dann empfinden wir im Allgemeinen eine natürliche Traurigkeit, weil wir ihr Angesicht nicht mehr sehen, ihre Stimme nicht mehr hören werden, uns ihrer Zuneigung, ihrer Gegenwart nicht mehr erfreuen können. Der Evangelist hebt dagegen die tiefe Freude der Apostel hervor. Aber wieso? Weil sie mit dem Blick des Glaubens verstehen, dass Jesus zwar ihren Augen entzogen wird, aber immer bei ihnen bleibt, sie nie verlässt und sie in der Herrlichkeit des Vaters unterstützt, führt und für sie Fürsprache hält. (vgl. *Hebr* 9,24) Der hl. Lukas berichtet auch am Anfang der *Apostelgeschichte* über die Himmelfahrt, um hervorzuheben, dass dieses Ereignis wie das Glied einer Kette das irdische Leben Jesu mit dem der Kirche verbindet. Hier erwähnt der hl. Lukas auch die Wolke, die Jesus dem Blick der Jünger entzieht, während sie Christus, der zu Gott auffährt, nachschauen (vgl. *Apg* 1,9–10). Dann tauchen zwei Männer in weißen Gewändern auf, die sie auffordern, nicht dazustehen und zum Himmel emporzuschauen, sondern ihr Leben und ihr Zeugnis aus der Gewissheit zu nähren, dass Jesus ebenso wiederkommen wird, wie sie ihn haben zum Himmel hingehen sehen (vgl. *Apg* 1,10–11). Das ist eine Einladung, von der Betrachtung der Herrschaft Christi auszugehen, um von ihm die Kraft zu erhalten, im täglichen Leben das Evangelium zu verkündigen und zu bezeugen. Betend betrachten und handeln, „ora et labora", lehrt der hl. Benedikt: Beides ist in unserem Leben als Christen notwendig. Die Himmelfahrt zeigt nicht die Abwesenheit Jesu an, sondern sie sagt uns, dass er auf neue Weise unter uns lebendig ist; er ist nicht mehr an einem bestimmten Ort der Welt wie vor der Himmelfahrt; jetzt ist er in der Herrschaft Gottes, in jedem Raum und in jeder Zeit gegenwärtig, einem jeden von uns nahe. In unserem Leben sind wir nie allein: Wir haben diesen Fürsprecher, der uns erwartet, der uns verteidigt. Wir sind nie allein: Der gekreuzigte und auferstandene Herr führt uns; bei uns sind viele, die in der Stille und in der Verborgenheit, in ihrem Familien- und Arbeitsleben, in ihren Problemen und Schwierigkeiten, in ihren Freuden und Hoffnungen täglich den Glauben leben und gemeinsam mit uns die Herrschaft der Liebe Gottes in die Welt tragen, im auferstandenen Christus, der zum Himmel aufgefahren und unser Fürsprecher ist.

„Sie waren immer im Tempel und priesen Gott." (*Lk* 24,53)

Papst Franziskus: Generalaudienz vom 17. April 2013

Inhaltsverzeichnis